書くための文章読本

瀬戸賢一
Seto Ken-ichi

インターナショナル新書 046

はしがき

日本語で文章を綴るとき、文体や対人関係をうまく調整しても、なお避けて通れない大きな問題があります。「文末問題」です。日本語はちょっと油断するとたちまち文末がそろってしまう。デス・マス調なら「す」、ダ・デアル調だとたいてい「る」で終わる。過去のことなら、どちらの調子で書いても文末に「た」がきますね。

「すすすす」「るるるる」「たたたた」と文尾が続けばいかにも単調でしょう。日本語独特の現象——たとえば英語では起こらない——であり、これは文末のバリエーションがかなり限られるからです。だから書き手は、このことを意識して読者を飽きさせないようにしなければならない。

どうしても伝えたいことがある、これが文章を書くうえで一番肝心なことですが、よく伝えるためには書き方にくふうが必要です。日本語の場合は、とりわけ文末への繊細な配慮が欠かせません。豊かな文末は文に生気を吹きこみ、文章全体を躍動させます。

本書はこの「文末問題」に挑みます。けっして読者まかせにせず、きちんと解法を示し、その変化のつけ方をわかりやすく提示します。

もちろん谷崎潤一郎、三島由紀夫、丸谷才一、井上ひさし、筒井康隆らの文豪はこの事実に気づいていました。いずれも『文章読本』やそれに類するもののなかで、日本語には文末という厄介な問題があると指摘しています。

では、どのように解決してくれたでしょうか。それがなんとも歯がゆい。彼らの言い分は少しずつ異なりますが、小異を捨てるなら、要は「名文をたくさん読め」に尽きます。そしてそのための見本をひとつふたつ挙げて、あとは自得せよと言わんばかり。たしかに過去形の「た」にはときどき現在形を交ぜよ、というアドバイスもありましたね。だけど、本当に知りたいことは、どのタイミングで変化をつけるといいのか、ではないでしょうか。この点は、なにも教えてくれません。

そこでレトリックの登場です。

レトリックは文法の枠を超えて、昔からよく話す技術を伝えてきました。どうすれば人を効果的に説得できるのだろう。どう表現すれば人を納得させられるのか。かのアリストテレスもこの問題に真剣に取り組みました。かつては弁論術とも呼ばれたように、口頭の技術です。

やがてレトリックはよく書く技術へと関心を移しました。それは、読者のことをよく考えて、書き手が責任をもって、文章に磨きをかける方法を意味します。伝わりにくいところがあれば、それを読者の経験や知識不足のせいにせず、書き手にもっとくふうを求めるようになりました。

本書は、長年の知の集積であるこのレトリック――表現技法の宝庫――を生かして、「文末問題」を具体的に解決します。収集した用例を惜しみなく投入することによって。

えっ、たったそれだけなの、と言わないでください。文末から見える文章の世界は実に広大なのですから。文尾は、文の全体に書き手の意志を伝える、いわば、神経の結節点。文と文章をコントロールする指令室なのです。

このドアをそっと開ける。名文家の頭の中をちょっとのぞき見します。魅力的なエッセイストも文豪のとなりに座っていますよ。隅々まで神経のゆきとどいたハリのある文章を直接手にとって眺めませんか。これぞという実例を選りすぐって、その生成の現場に光を当てます。

文末から見た、書くための文章読本。ねらいは文末一新。つねに実践を貫く。鑑賞用の見本帖ではありません。

目次

第二章　踊る文末

第一章　終わり良ければすべて良し

書き出しが決まれば仕事の半分は終わった――こう豪語する人はよほどの手練れでしょう。しかし第一文に句点を打つ前にまだすべきことがあります。「す」か「る」かの選択、つまりデス調かデアル調のどちらでいくのか。

これは文末だけの問題ではなく、文章全体に及びます。語句の取捨、構文の決定、一文の長短などは、どちらの調子を採るかによってかなり影響をうけます。読者との距離感をどうつけるのか、伝えるべき内容の硬軟とどう調和させるのか。これらの点とも深く関係するでしょう。デスはマスを引き寄せるのでデス・マス調、デアルはダと相性がいいのでダ・デアル調とも呼ばれるように、文末のたった一文字が文章の全体に波紋のように広がるのです。

第一節 「す」と「る」を書き分ける

ゆるゆるときびきび――響きの違い

デス調は敬体（あるいは丁寧体）ともいわれて、一般に読者にやさしく語りかけます。距離が縮まってときには読み手に寄り添う調子ともなるでしょう。本書もデス調を基本とします。一方、デアル調は常体と呼ばれることもあり、受け手との間隔をやや広くとり、あまり感情を交えない報告をするときなどによく用いられます。

まず文末の響きを聞き分けるために二つの引用を比べましょう。『源氏物語』の冒頭の現代語訳です。安心してください、原文ではありません。むずかしい用語があればとばしてけっこうです。まず谷崎潤一郎の、推敲に推敲を重ねた三度目の新々訳です。

何という帝《みかど》の御代《みよ》のことでしたか、女御《にようご》や更衣《こうい》が大勢伺候《しこう》していました中に、たいして重い身分ではなくて、誰《だれ》よりも時めいている方がありました。最初から自分こそはと思い上っていたおん方々は、心外なことに思って蔑《さげす》んだり嫉《ねた》んだりします。その人と同じくらいの身分、またはそれより低い地位の更衣たちは、まして気が気ではありません。そんなことから、朝夕の宮仕えにつけても、朋輩方《ほうばいがた》の感情を一途《いちず》に害したり、恨みを買ったりしましたのが積り積ったせいでしょうか、ひどく病身になって行って、何となく心細そうに、ともすると里へ退《さが》って暮すようになりましたが、帝はいよいよたまらなくいとしいものに思《おぼ》し召《め》して、人の非難をもお構いにならず、世の語り草にもなりそうな扱いをなさいます。（谷崎潤一郎訳『潤一郎訳　源氏物語――巻一』、中

公文庫）

これはデス調に従います。特徴の分析はあと回しにして、もうひとつの現代語訳を読みましょう。こちらは最初の一文を除いてデアル調です。

いつの帝《みかど》の御時《おんとき》だったでしょうか――。

その昔、帝に深く愛されている女がいた。宮廷では身分の高い者からそうでもない者まで、幾人もの女たちがそれぞれに部屋を与えられ、帝に仕えていた。

帝の深い寵愛《ちょうあい》を受けたこの女は、高い家柄の出身ではなく、自身の位も、女御《にょうご》より劣る更衣《こうい》であった。女に与えられた部屋は桐壺《きりつぼ》という。

帝に仕える女御たちは、当然自分こそが帝の寵愛を受けるのにふさわしいと思っている。なのに桐壺更衣《きりつぼのこうい》が帝の愛を独り占めしている。女御たちは彼女を目ざわりな者と妬み、蔑んだ。桐壺と同程度、あるいはもっと低い家柄の更衣たちも、なぜあの女が、となおさら気がおさまらない。朝も夕も帝に呼ばれ、その寝室に行き来する桐壺は、ほかの女たちの恨みと憎しみを一身に受けることとなった。

そんな日々が続いたからか、桐壺は病気がちとなり、実家に下がって臥《ふ》せることも多くなった。すると帝はそんな桐壺をあわれに思い、周囲の非難などまったく意に介さず、ますます執心する。（角田光代訳『日本文学全集04　源氏物語　上』、河出書房新社）

デスとデアルが文末だけの問題にとどまらないのは明らかです。谷崎の新々訳が出たのが一九六四年で、角田の現代語訳は二〇一七年の刊行なので、およそ半世紀の隔たりがありますが、両者にはそれ以上の重要な違いが見てとれるでしょう。谷崎源氏は原文のゆるゆるとした流れを反映すべく、敬語を駆使して主語を省き、長めの一文を読点でつないで小さなうねりのような文章を形作る。和語の多用もそれに貢献します。

これに対して角田源氏はデアル調を採ることによって、全体としてきびきびと立ち回り、敬語を減らした代わりに主語をしっかり補う――もちろん自明の場合は省いて。必要に応じて文脈まで言語化して読解を助けるので、谷崎の新々訳よりことば数が多いのは仕方がありません。響きはより現代的です。

谷崎はデス調を、角田はデアル調を選んだのですが、『源氏物語』にかぎらず物語はふつう過去形で叙述されるので、デスの過去のデシタと、デアルの過去のデアッタはともに

「た」で終わります。このことを確認してもう一度引用を読み返してください。いずれも過去を示す「た」が現れます。しかし「た」がずっと続くのではありません。谷崎の文末は順に「た」「す」「ん」「す」。角田のは「か」「た」「た」「た」「う」「る」「る」「だ」「い」「た」「た」「る」。

まずこの豊かな文末に目を瞠《みは》ってください。谷崎はデス調なので「す」で文が括られるのは不思議ではないかもしれません。また角田はデアル調なので「る」で終わってもいいはず。しかしこの「す」や「る」の正体は何なのでしょうか。いっそのことひっくるめて、両者の「た」以外の文尾は何を表すのでしょうか。これはとても興味深い、ある意味で日本語の文章の本質に関わり、かつこれまであまり注目されてこなかった点ですので、のちほど少し立ち入って考えることにしましょう。いまはデス調とデアル調の選択が渦をなして周辺のいくつかの要素を巻き込んで文章を展開することを確認するにとどめます。

デス調とデアル調を変換する

村上春樹の『騎士団長殺し』（新潮社）は読まれましたか。ぐんぐん読者を引っ張っていく力は圧倒的ですね。私はその第2部の副題に興味をそそられて比喩についての小文を二つ書きました。ひとつは新聞の文化欄の記事「メタファーの世界」――メタファーとは類似性に基づく比喩のことで、隠喩とも呼ぶ――で、こちらはデス・マス調。その冒頭を引きます。

村上春樹の新刊『騎士団長殺し』の第二部には「遷《うつ》ろうメタファー編」の副題が付いています。これまで隠喩や暗喩とも呼ばれていたものが、ようやく市民権をえたのでしょうか。

メタファーは比喩の代表。似ているという感覚を大切にして、わかりにくい事柄をわかりやすいことばに喩《たと》えます。日ごろよく使う表現法で、ことばの飾りではありません。(「メタファーの世界（上）」中日新聞 二〇一七年六月六日朝刊、東京新聞 二〇一七年六月一一日朝刊)

一般に新聞は段組で一行一二文字しか入らないので、気をつけることがいくつかあります。比較的ゆっくり読んでもらえるコーナーなので、やさしい語り口のデス・マスを選択したことのほかにも、①段落を短めに、②一文を短く、③容易な用語を選び、少しでもむずかしそうな言い回しには説明を加える、④前ページの引用には挙げられていないけれどもわかりやすい具体例を示す、⑤文末が単調にならないように変化をもたせる。⑤のくふうにどのようなものがあるのかはあとで掘り下げましょう。

もうひとつは、私の旧著の文庫化にあたって新たに書き加えた補章「村上春樹とメタファーの世界」。やはり出だしの部分で今度はデアル調です。

村上春樹の久々の長編『騎士団長殺し』（二〇一七年、新潮社）の第2部は、「遷《うつ》ろうメタファー編」の副題をもつ。用語としてのメタファーがようやく定着したな、とひとり合点した。この小説の中では、隠喩と暗喩も導入的に使用されるが、これはメタファーにまだ馴染みのない読者へのサービスだろう。大半はカタカナ表記のメタファーで通される。（『よくわかるメタファー』、ちくま学芸文庫）

先の新聞記事の特徴①〜③はここには当てはまりません。文庫の本文に合わせて一文も一段落もやや長めにとりました。ほかにもうひとつ違いがあります。少し気づきにくいかもしれないので、似た内容の第一文をそれぞれの引用から抜き出して比較しましょう。

(1)村上春樹の新刊『騎士団長殺し』の第二部には「遷ろうメタファー編」の副題が付いています。(同新聞)
(2)村上春樹の久々の長編『騎士団長殺し』(二〇一七年、新潮社)の第2部は、「遷ろうメタファー編」の副題をもつ。(同文庫)

よりわかりやすくするために修飾部分を取っ払って骨組のみを示します。

(3)村上春樹の『騎士団長殺し』の第二部には「遷ろうメタファー編」の副題が付いています。
(4)村上春樹の『騎士団長殺し』の第2部は、「遷ろうメタファー編」の副題をもつ。

漢数字かアラビア数字、読点のあるなしを無視すると、両者の構文の差が鮮明になります。(3)の骨組は「…には〜があります」という存在文であり、(4)の枠組は「…は〜をもつ」という他動詞構文です。これはちょうど「この部屋には大きな窓があります」と「この部屋は大きな窓をもつ」という表現との差と同じでしょう。あるいは「彼には妹がいます」と「彼は妹をもつ」を比べるようなものです。これらの「もつ」の文――とくに最後の例――は日本語として（やや）不安定でないでしょうか。「もつ」の目的語には微妙な制限があります。

これに対して存在文は日本語の伝統的な構文であり、デス調の文章の中に不安なく収まります。また「もつ」の他動詞構文も、「…には～がある」という存在文にもちろん変換でき、それで違和感が生じることはありません。ただ補章を書くにあたっては全体的に少し切れ味のよい躍動感を求めました。二文目の「用語としてのメタファーがようやく定着したな、とひとり合点した」の口語的な響きとも一体のものです。このようにデス調とデアル調の文末の違いは語句や構文の選択、文体や段落の構成などにも影響するのです。

「す」と「る」を書き交ぜる

ところでデス・マス調（敬体）とダ・デアル調（常体）を混在させないのは、文章の基本とされています。必ずどちらかに統一せよと学校で指導されませんでしたか。この教えに従うと、敬体の主な文尾は次の五種に絞られます。

(1)肯定——です／ます
(2)否定——ません
(3)推量——でしょう
(4)疑問——ですか／ますか／でしょうか
(5)過去——でした／ました

もちろんこれですべてではありません。たとえば(2)の否定と(4)の疑問を組み合わせれば「～（し）ませんか」。ほかにも結合形がないか試してみてください。しかし現在形に限れば、(1)～(4)のうちよく用いられるパタンは「(1)ときどき(3)、ところにより(2)」あたりではないでしょうか。(4)がうまく使えれば、すでにそこそこ文章が書けるレベルでしょう。ほとんどが(1)の連続という文章も見受けられます。

では常体の文末はどうでしょうか。

(1)肯定——だ／である

(2)否定――ない
(3)推量――だろう
(4)疑問――か
(5)過去――た／だ

ここでもいくつかの組み合わせが考えられます（たとえば(3)〜(5)を合体させて「ただろうか」など）が、やはり(1)〜(3)が大半を占めるでしょう。常体で少し気をつけるべきなのが(1)の「だ」です。「当然のことだ」「知っているはずだ」「〜にすぎないのだ」などの「だ」で、少し断定が強く響きすぎる、あるいはやや粗暴に聞こえるかもしれません。慣れないうちは控えめに用いるか、自信がついてからひとつふたつ試してみるくらいでいいでしょう。これに対して(5)の「だ」は過去を表し、「急いだ」「選んだ」などに見られます。(1)の「だ」とは別物なので安心して使ってください。

さて、デス調でもデアル調でも結局それぞれの(1)〜(3)が主な選択肢だとすると、うまく使い回しても遅かれ早かれ文末の貧しさを露呈して、単調な文運びになりかねません。ではどうくふうすればいいか、思案のしどころです。

そこで次の引用を見ましょう。これがあの元祖『文章読本』の谷崎潤一郎の文章だとすれば意外な感じがしませんか。傍線部に注意してください。

人間が心に思うことを他人に伝え、知らしめるのには、いろ〳〵な方法があります。たとえば悲しみを訴えるのには、悲しい顔つきをしても伝えられる。物が食いたい時は手真似で食う様子をして見せても分る。その外、泣くとか、呻《うな》るとか、叫ぶとか、睨むとか、嘆息するとか、殴《なぐ》るとか云う手段もありまして、急な、激しい感情を一と息に伝えるのには、そう云う原始的な方法の方が適する場合もありますが、しかしや丶細かい思想を明瞭に伝えようとすれば、言語に依るより外はありません。言語がないとどんなに不自由かと云うことは、日本語の通じない外国へ旅行してみると分ります。（谷崎潤一郎『文章読本』、中公文庫）

決して例外的な段落ではなく、デス・マスとダ・デアルの混交はほとんどどのページにも簡単に見つかります。右の一節はその典型例のひとつで、まず第一文で「いろ〳〵な方法があります」と言っておいて、続いてその具体的な方法を列挙する。期待させておいて、やおら箇条書き風にそれを例示する。列挙する調子ならばデス・マスでは足が遅くてまどろっこしい。なるほど「…も伝えられる」「…も分る」で十分ではないでしょうか。

次の「…とか云う手段もありまして、」も、先行する例と同じく「ある。」と言い切ってもよかったでしょう。あるいは谷崎の文章に多く見られるように「あって、」として下に続けるのも悪くない。なんだか文豪の文章に朱を入れているようで気が引けますが、もちろん原文のままで何の問題もありません。「まして、」で先行例すべてをまとめて受け止めているとも見なせるのですから。どちらの表現を使うのか少し書き迷うところかもしれない。

より新しい文章を読みましょう。やはりデス調とデアル調の混交文です。社会学とはどのような学問分野なのかを論じた一節の冒頭です。ここでも傍線部に注目。

「社会」などというものがあるのだろうか？

石を投げれば人間に当たる。「社会」というものの本体は人間であり、社会学は人間学であるのです。

社会学は人間学である、というテーゼが第一に正しいのですが、もっとよく考えてみると、目に見える形であるもの、石を投げれば当たるという形であるもの、だけが本当に「あるもの」だろうか？　たとえば「愛」とか「闘争」とかは、見ることもできないし、触れることもできない。「見えるもの」や「触れられるもの」によって表したり、表されたりすることはできるけれども、「愛」や「闘争」それ自体は、見えないし、石を投げても当たることはない。それでも「愛」や「闘争」というものは、あることをぼくたちは確信している。どこにあるか、というと、心臓（ハート）にあるわけではなく、大脳皮質とか脳幹のどこかにあるわけでもなく、人と人との間にあるのです。間といっても前方五〇センチの所とかいうことではなく、正確にいうと、人間と人間との関係としてあるのです。（見田宗介『社会学入門』、岩波新書）

　この書はデス・マス基調ですが、出だしはほとんど心の中での問い。自問をことばに託す格好で、モノローグ的ないし内的独白と呼んでいい形かもしれません。自問に対する自答が次に続き、ようやく第三文でデスを使って読者とのダイアローグに向かいます。次の段落でデアル調による第二波の自問自答が再び始まり、急速に高まったあと最後にデス調が二つ続いて収束します。

　たぶんこれだけの例では納得してもらえないでしょうが、少なくともデス調とデアル調は水と油の関係ではなく、うまく書き交ぜれば味わいの乏しい文末にピリリとしたスパイスを利かせられそうだという予感がしませんか。音楽でいえば長調の中にふと短調が割り込む、あるいは短調が中ほどで転調してまた元の調に戻るように。文章も転調すれば、鉛色の文末問題に一条の光が射します。積極的に利用してはどうでしょう。

ではどのタイミングで？　これに答えられなければ「ちょっとしたくふう」も台無しです。前ページで言及した内的独白は、谷崎の引用にも有効な説明になるかもしれませんので、さらにあとで振り返りましょう（本章第三節の「主体性」の話でより広範囲の現象としてとらえ直します。また次章の「引用」の問題などとも深く関係します）。

一文のなかで同居する

このように書いてきましたが、べつに混交調を推奨しているわけではありません。敬体と常体のどちらかに統一されたほれぼれする作品はいくつもあります。しかしながら文章の技術面からすると、手持ちのカードを増やしておくのは悪いことではありません。いわば貯金。いざとなったときに複数の選択肢があると懐があたたかいでしょう。気持ちのゆとりが生まれるうえに、使う使わないはあなたの勝手なのですから。

そこで「す」と「る」が一文の中——文章の全体ではなく——で同居する場合を次に見ましょう。これはふだんほとんど意識されることはないと思います。文章の達人はこんなことなど知らぬ顔で、いわく「感性を磨け」「名文を読め」などの上から目線で、初心者を困惑させます。これはこれで真実なのですが、奥義はなかなか教えてもらえず、一〇〇年早いわいと突っぱねられる感じでしょうか。ここでは、デスとデアルの使い分けについての実践的な知恵を共有しましょう。まず単純なものから。

〔〔文1〕＋〔文2〕〕

ひとつの文が二つの小さな文——文1と文2——から構成されて、小文がほぼ対等の重みをもつとき、ふつう続き具合が順接なら「て」などで、逆接なら「が」などで結ばれます。このとき敬体で書き進めていると、文2の文末を敬体で締めくくるのは当然としても、文1の末尾はどうしたらいいでしょう。つまり次の二つの形式のうちどちらを選ぶのか。

①〔〔文1（敬体）〕＋〔文2（敬体）〕〕

②〔〔文1（常体）〕＋〔文2（敬体）〕〕

これは次の数式と似たことを意味します。

A×C＋B×C＝（A＋B）×C

Cを敬体と考えてください。AとBにひとつずつ敬体を掛けあわせる（①の場合）のか、あるいは文末に敬体をくくりだして、その影響をAとBに対等に及ぼす（②の場合）のかの違いです。ところが実際の文章ではそう簡単には行きません。大道芸人としてずっと踊り続けているある人の随筆から引きます。

誰でも年を取ると自分の型を伝えようとしますが、僕に弟子はなく、一人で踊り続けています。（ギリヤーク尼ヶ崎「まだ踊れる」『図書』第八二五号、岩波書店）

いま話の都合上「僕に弟子はなく」を略し、ほかで少し不足を補って、誰でも年を取ると自分の型を伝えようとしますが、僕は一人で踊り続けています。

で考えましょう。これは

①〔〔文1（敬体）〕＋〔文2（敬体）〕〕

の形式です。もちろんこれを変形して②の〔〔文1（常体）〕＋〔文2（敬体）〕〕でも表現できます。

誰でも年を取ると自分の型を伝えようとするが、僕は一人で踊り続けています。

どちらがいいでしょうか。

これとは別に、実はここにはもうひとつ問題があります。「誰でも年を取ると」の部分です。これは常体の書き方ではありませんか。敬体なら「誰でも年を取りますと」となるはず……。ですから全体を敬体で通すなら、前ページの文はこうなります。

　誰でも年を取りますと自分の型を伝えようとしますが、僕は一人で踊り続けています。

うん?

これでもいいような、少しまだるっこいような。「ます」の連続が気になりますね。実態はどうなのでしょうか。結論を先にいいますと、ふつうの文章では原文がもっともありそうな形です。でも、ここには微妙な気づきにくい点があるので文章のプロの実例をいくつか見ましょう。

プロの技

向田邦子の初エッセイ集『父の詫び状』は出てすぐ名品との評判をとりました。もちろん突然ひとを唸らせるような文章を書けるわけはありません。向田にはそれ以前にテレビ・ラジオの脚本家としての下地があったからこそ質の高い文章を書くことができたのです。細部へのこだわりによる生活感、ドラマチックな展開、緩急自在の文章運びのどれをとってもすばらしい。時代を生きる人たちがそこで躍動します。これを伝えるにはある程度のスペースが必要なので、ここは欲ばらず、当面の目的に沿った二、三の短い引用で済ませます。

まず文1と文2を結ぶ接続の働きをする「が」から見ます。別のエッセイ集『男《お》どき女《め》どき』（新潮文庫）から三例引きましょう。

冬になるとよく体験することですが、

「あ、いま、風邪ひいたな」

と思うことがあります。（「若々しい女《ひと》について」）

最初の「が」が接続の「が」です。敬体の「…ですが」で文を送り、敬体の「…ありま す」で結ぶ――先の大道芸人の文章と形式は同じ。

次は小学校四年生のころの思い出です。

たしか秋の遠足だったと思います。

リュックサックと水筒を背負い、朝早く校庭に集まったのですが、級長をしていた私のそばに、Iの母親がきました。(「ゆでたまご」)

Iは貧しい家庭の女の子。汚れた風呂敷に包まれた持ち重りのするゆでたまごを「これみんなで」と言って押しつけられましたが、遠足にははっきりいってお荷物です。ここも「…ですが」と「…ました」とが敬体できれいに対応します。

いずれの引用の「…ですが」も、「…であるが」や「…だが」のような常体で表せたかもしれません。しかし「が」がそれを許さないようです。もう一例見ましょう。

私にとって愛は、ぬくもりです。小さな勇気であり、やむにやまれぬ自然の衝動です。「神は細部に宿りたもう」ということばがあると聞きましたが、私にとっての愛のイメージは、このとおり「小さな部分」なのです。(「ゆでたまご」)

このように一般にデス・マス調の文章では、接続の「が」の直前はつねに敬体が用いられます。これは向田邦子のほかのエッセイでも向田以外の文筆家の文章でも確かめられます。

しかしこの種の「が」は、文1と文2を結ぶ小さな接続要素——文法家はふつう接続助詞(「て」「から」「ので」「と(き)」など)と呼びます——のなかでは特異です。結論的にいうと、

文1(敬体)が、文2(敬体)

の形がふつうなのは、「が」を伴う文1の独立性が強いからです。文2の敬体の影響が文1にまで波及せず、途中で止まってしまう。まるで「が」がブロックするかのよう。先の因数分解のCのようにはいかないのです。文1の調子を整えるには、文1の内部で独立してデス・マスの決着をつけなければなりません。それが証拠に「が」——とくに逆接の「が」——は

文1。が、文2。

の形が可能です。つまり「が」が文外に飛び出して、文1を文として完全に独立した形にできます。この「が」は敬体なら「ですが」、常体なら「だが」としても文2の文頭に立てます。

接続の「が」にはもうひとつ気になることがあります——それは響きが重いということ。ごつんと何かにぶつかる感じといえばいいのでしょうか。これは「て」や「と」と比べれば明らかでしょう。文尾に「が」が来るとそこでひと区切り、ないしはひと呼吸おく。これが常体の「…だが」だといっそうざらつき感が増して、全体がデス・マス調ならば躓《つまず》きの石となりかねません。「…ですが」や「…ますが」はおそらくこれを和らげる働きもするのでしょう。

「が」の迫害

斎藤美奈子の『文章読本さん江』（筑摩書房）は、文章読本の御三家を指定します。

谷崎潤一郎『文章読本』、初版一九三四年（中公文庫）
三島由紀夫『文章読本』、初版一九五九年（中公文庫）

清水幾太郎『論文の書き方』、初版一九五九年（岩波新書）

谷崎は現在の日本語の書き方を定着させた元祖のひとりであり、おおらかな書きっぷりです。三島は芸術としての文章——文学（小説）の表現——に重きをおく、おそらく谷崎を強く意識した高踏《こうとう》的な文体論。これに対して清水のいう論文とは「知的散文」のことで、今風にいえば小論文やレポートの書き方を指南します。

清水読本が御三家に入り、読み継がれて（私の手元の二冊目は二〇一六年刊で九六刷）ロングセラーになりました。名を高めた要因のひとつは、その第三章「『が』を警戒しよう」だったと思います。その影響は今日にまで及ぶでしょう。私が若いころに読んだ印象も強烈でした。まるで親の仇《かたき》のように接続の「が」を執拗に追いつめました。要するに「が」は万能の接続機能を果たすので、論理的な文章——つまり知的な散文——には適さないと排撃《はいげき》します。その証拠として挙げられるのが、たとえば、次の二文です。

①彼は大いに勉強したが、落第した。
②彼は大いに勉強したが、合格した。

清水は、「が」が①にも②にも用いられるほど「無規定」的だと糾弾し、これはそれぞれ③と④のように書き換えるべきだと主張しました。

③彼は大いに勉強したのに、落第した。
④彼は大いに勉強したので、合格した。

③と④は論理関係がはっきりするのに対して、「が」は「一種の抽象的な原始状態」しか表さないと猛チャージをかけます。

ちょっと立ち止まりましょう。私はその後の「が」の迫害史についてはほとんど知りませんが、「が」に対する清水の反キャンペーンはかなりの支持をえたようです。しかし、改めてまっ白な心で①と②を読み返してください。①の「が」は逆接の「が」であり、「が」のもっとも基本的な用法です。この「が」も知的な散文から排除せよというのは、日本語の重要な表現手段のひとつを奪うことにならないでしょうか。

また②の文を読み直したときの素直な気持ちはどうですか。勇気をもって言いましょう。

②の文は日本語としてヘンだと。時代のせいじゃない。「ので」の意味に近い「が」はそもそも存在しません。おそらく清水が槍玉《やりだま》にあげたいのは、「さっきの話ですが、どうしましょう」などの話題を提示するときの「が」ではなかったか。これはこれで働きがあるのですが、「論文」には使わない方が論理的に進行するというのであればあえて反対はしません。ことばはつねに時と場合に応じて用法が変わるものです。

「が」以外の接続

文1と文2をつなぐ「が」についてわかったことは簡単です。デス・マス調で書き進めているなら、文1の文末（「が」の直前）は敬体で処理せよ、ということです。

こんなことならわかっているといわれそうですが、「が」以外の接続についても同じように判断できますか。私自身はよくわからないので、このようなときはとにかくフィールドワークをします。当面の目標は、デス・マスを基調とした優れた文章に当たって、文と文との接続の具合を一つひとつ点検することです。著者の書き癖も当然あるので複数の作品を調べ、また同じ書き手であっても一貫しないこともまれではないので、できるだけ広範囲に調べます。すべての結果は示せませんから二、三の例で代表させましょう。

まず理由を表す「…から」を見ましょう。先の「が」との比較の意味も込めて、向田の文章を挙げます。

「仰げば尊し　わが師の恩」

私は、父の転勤で、何度も転校をしました。

そのせいか、卒業式のこの歌を歌った時も、たったの一学期しかその小学校にいなかったものですから、ほかのクラスメートのように、声を上げて泣くということもなく、少しばかりシラけた気持でこの歌を歌った記憶があります。（「花束」『男どき女どき』、新潮文庫）

右の引用では「…ですから」と「…あります」とがともに敬体で連携していますが、同じ著者の次の文章では対応が崩れます。

車の運転免許をとることを途中でやめたのは、友人が車で悲惨な事故死をしたこともありますが、私の中に、人が見ていないとスピードを出す癖があるのを知ったから

なのです。（「独《ひと》りを慎しむ」『男どき女どき』、新潮文庫）

ここでは理由の「…から」の文があとから追加されたようにぶら下がっていますが、「…を知ったから」と常体で書かれている点に注目してください。もっともここはすぐ下に「です」があるので敬体は使いにくいところでしょう。「知りましたからです」ではもたつきますね。本当はこのように個々の場合を丁寧に見ていく必要があります。

別の書き手はどうでしょうか。ある精神科医が〈患者〉とことばを交わすことによって比較的軽い疾患のありかを探っていきます。二つの引用を比べてください。

普通ですと「性格」について尋ねるところですが、ロクな返事が戻ってきそうもありませんから、ここは一工夫せねばなりません。見たところ、なかなかのお洒落さんのようですから、「お洒落するのは好きな方ですか」と尋ねてみます。（大平健『豊かさの精神病理』、岩波新書）

〔……〕〈患者〉は、自分の抱えている問題が何なのか自分でもわからないから、解

決の仕様がないわけです。（同前）

最初の引用では二つの「から」が敬体と手を携えていますが、二番目の引用では「わからないから」と常体です。敬体なら「わかりませんから」となるでしょう。それでもよかったはずです。この著者は、ふつう敬体＋「から」の結合形を使います。しかし常体＋「から」も排除しません。「から」にはある程度の自由度があるということです。違和感もないでしょう。

これ以上の例をいちいち示すことはしませんが、「…ので」は意味的にも理由の「…から」に近く、敬体の文脈で、たとえば「…するので」のように常体に続くことも、「…ますので」のように敬体と結びつくこともあります。そういえば、「…から」が「だから」と「ですから」の形で接続詞として独立できるのと同じく、「…ので」も、「なので」と「ですので」の形で独立できそうです。

ある程度自由がきくものとして最後に「と」を見ておきます。ひとつの引用の中で常体と敬体が連続する例です。

小学生の頃、お習字の時間に、「お花墨」という墨を使っていました。どういうわけか墨を濃くするのが子供の間に流行って、杉の葉っぱを一緒にすると、ドロドロになって墨が濃くなるというので、先生の目を盗んでやっていましたが、今考えてみますと、何も判っていなかったんだなと思います。墨色の美しさは、水羊羹のうす墨の色にあるのです。はかなくて、もののあわれがあります。（向田邦子「水羊羹」『眠る盃』、講談社文庫）

「杉の葉っぱを一緒にすると」は常体に「と」が続き、「今考えてみますと」は敬体に「と」が従っています。まれな例というわけではなさそうです。

「て」の謎を解く

一連の語の中で「て」（場合により「で」）は不思議なふるまいをします。いわば「が」の対極にあり、デス・マス調の文章の中でも、ほぼいつも常体と一体になります。次例は向田が家を出て独り立ちしたときのことです。

貯金をはたいてアパートを借り、家具をととのえて入ってみて、私はドキンとすることにぶつかりました。（「独《ひと》りを慎しむ」『男どき女どき』、新潮文庫）

「行儀には人一倍にうるさい父の目がなくなって、家族の視線がなくなって、私はいっぺんにタガがゆるんでしまった」のです。最初の引用に三つ、二番目のにも二つ「て」があるのに気づかれるでしょう。いずれも常体と結合しています。そしてこれがふつう。なんなら「アパートを借り」も「アパートを借りて」に変更しても大きな差は生じません。

もうひとつ「て」の例を引きましょう。鎌倉幕府ができた年やシェイクスピアの生没年などは、かつてごろ合わせで覚えませんでしたか。しかしこれに似たものに著作権を訴える人が現れる時代になりました。

こうしてみると、ごろ合わせ記憶術は、人知れず、人を助けるのがいいのであって、たしかに著作権を強く主張するのは、どことなくなにかそぐわないところがありますね。（井上ひさし「ごろ合わせの価値」『にほん語観察ノート』、中公文庫）

「人を助けるのがいいのであって」のようにやはり「て」は常体といっしょです。問題は、「て」はなぜふつう常体と結びつくのか。

これまでの経緯からして次の三点が推測されます。

①意味内容が希薄
②並列つなぎ
③独立できない

①はこういうことです——「て」そのものは固有の意味が乏しく、ただ文1を文2に、文2を文3にと、順送りにするだけのニュートラルな働きしかない。前ページ最初の引用の「アパートを借り」はその典型例で、「アパートを借りて」の「て」が省略されたものとも見なせました。意味的には無色透明に近く、これを逆から見ると、文末の敬体が順次「て」のトンネルを通って文1にまで及ぶ。「が」がブロックするのに対して「て」はどうぞどうぞと素通りさせる。

次のように表せるでしょう。

〔文1（て）、文2（て）、文3（て）……〕＋敬体

②は、文1と文2が「て」で接続されるとき、両者の間に主従の差がないという意味です。「とき」や「ので」などによる接続は、主従の違いが生じます。つまり

文1（従属節）ので［とき］、文2（主節）

の形で主節に重きがおかれます。「て」では文1と文2が並列で軽重の差がありません。対等な結合ということ。これも、文尾の敬体の影響が文1と文2（さらに文3など）にも等しく及ぶ理由のひとつなのでしょう。

③は、すでに見た「が」「から」「ので」などと異なり、「て」が独立できない（接続詞になれない）ということ。独立できないと、文尾の敬体の支配下に入ります。

ガ寄り、テ寄り、その中間

敬体を選択しても、いつもデス・マスで書き進めるのでないことがわかってもらえたでしょうか。デス・マス調でもひとつの文の中身を見ると、けっこう広く常体が入り込んでいる。このことをまず知ってください。

ひとつ疑問が生じますね。逆はどうなのか、と。つまりダ・デアル調に敬体が交じることはないのか。カギかっこ付きの会話（直接引用）は別です。これは一種の治外法権で、その中ではなにをどんな風に言ってもかまいません。例を引くまでもないでしょう。話を地の文に限ると、常体調の中にデス・マスを見つけるのがとたんにむずかしくなります。

ひとつ例を示しましょう。ある街にパチンコ店が四軒あります。

四軒、といっても、実際は二軒なのではないか、と、ぼくは思っている。即ち、同じ建物内の二軒続きが二カ所にあるのだ。その上、並んだ二軒は店名が違うだけで、その造りや台の機種がまったく同じだ。考えるにこれは、一般にパチンコ人種なるものは一軒の店で入らないとすぐ他の店へ移動しようとする傾向があるため、これを他の店へ取られぬよう食いとめようとしてパチンコ店の経営者がけんめいに考えた末のアイデアなのであろう。もっともこれは確かめたわけではなく、ぼくが勝手にそう思

っているだけなのだが、あなた、どう思いますか。（筒井康隆「パチンコ」『狂気の沙汰も金次第』、新潮文庫）

最後のところで急にトーンが変わるのが読み取れるでしょう。この種の例は数が少ないので当面は忘れても大丈夫です。

以上の検討から、敬体を基調とする文章のなかに（ある条件のもとに）常体が交じることはあっても、常体をベースにする文章に敬体を交ぜこむのはなかなかむずかしい、ということがわかります。現代日本語はダ・デアル調が基本だと考えていいのでしょう。この調子が常体とか普通体と呼ばれるのは納得できます。

では、接続要素と敬体・常体の関係をここで簡単に整理しておきます。網羅的なものでも厳密なものでもありませんが、私が百数十の実例を調べて帰納的にわかったことです。ひとつの目安と思ってください。右と左のどちらでもいいのですが、とにかく両端に「が」と「て」を配して、その間にガ寄りの要素とテ寄りの要素を並べます。

逆接の[が]
〔敬体〕
・逆接・譲歩　けれど（も）、のに、ところ（釈明しましたところ）、も（教養がありましても）
・原因・理由　から、ので、ため
・条件　たら、ば、なら、と
・時　と、とき、おり、さい
・前後　あと、のち、まえ、まで（に）
・目的　ため（に）、よう（に）
・程度　くらい、ほど、だけ
・様態・付帯状況　ながら、つつ
〔常体〕
順接の[て]

（〔敬体〕から〔常体〕へ双方向の矢印）

繰り返しますが、おおよその分類です。デス・マス調の文章では、「が」はほぼつねに敬体に続いて、「て」は常体に続くことが多く、その間に挟まる接続要素は、時を表す「と」あたりを中央として、それより右側のものはときに敬体と結びつきやすく、左の要素は常体と結合しやすい、とまとめられるでしょう。

これも念のために言い添えますが、文の中の文を敬体と常体のどちらで表現すべきかは、読者との距離感の調整、著者の内心の表白や敬意の表明の程度などによって微妙に変わります。ですが、前ページの図をひとつの傾向として知っておくのは無駄ではないでしょう。

図についてひとつ気づくことがあるかもしれませんね。文1と文2が接続要素によってひとつの文となるとき、その結びつき方は、右に行くにしたがって、つまりガ寄りになるにつれてカーブが急になり、左に行くと、すなわちテ寄りになると比較的すんなり意味が受け渡される。「て」では上下がほぼまっすぐつながる。文1と文2がなだらかに接続すれば、それだけ文末のデス・マスひとつで全体の面倒をみることができるわけです。

第二節　「た」の処理法――過去をどう表すか

日本語にはデス・マスとダ・デアルの二つの調子があることをざっと述べ、デス・マス調ではときにダ・デアルをうまく配合して書き進めるくふうを見ました。しかしこれはまだほんの入り口です。たとえばダ・デアル調についてはほとんど何もいっていません。この節では、まずこれらの二つの調子に共通な、避けて通れない大きな問題——過去を表す「た」——について考えましょう。

新たな文末問題

常体で書くとき、前節で軽く触れたように、「だ」で文を言いきる場合を除くと、たいてい「である」で終わってしまいます。へたをすると、「である」「である」「である」の行進であったり、さらに「であるのである」に出会ったりも。必ずしも「これはペンである」のような文を連ねなくとも、「る」「る」「る」の進行はめずらしくないでしょう。

これは日本語が抱える大問題ではないでしょうか。たとえば英語のような外国語には、こんなことは起こる素地がありません。たしかに詩文で行末の音をそろえる（押韻）ことはありますが、ふだんそのようなことを意識して書いたり話したりすることはないはずです。日本語の文末は、はっきり言って欠点です。

理由は簡単——文末がそろうと文章が単調に響き、緊張がゆるみ、眠気をさそうから。

谷崎をはじめとする文豪たちが文末を気にしたのは当然でしょう。

　この問題の解決に直接乗りだす前に、その準備作業として、この節では常体と敬体に共通した悩み――これをぜひ悩みと感じとってください――つまり過去を表す「た」について考えます。過去は、一〇年前でもつい先ほどのことでもかまいません。「見る」に対する「見た」の「た」です。こんなことはわかりきったことですが、ここに実に悩ましい問題があります。

　デス・マスの過去は「でした」と「ました」ですね。ではダ・デアルの過去形は？　もちろんそれぞれ「だった」と「であった」が主な形です。これら四つの過去の表現に共通する短い語尾は、すべて「た」です。ということは、過去の話をするときは、どちらの調子を選んでも、いつも「たたたた」で終わってしまう。

　しかしふだん話すときは、過去や現在や未来のことをないまぜにして語るでしょう。きのうの話、いまの想い、あすの予定などを話の輪の中につぎつぎと放り込んで、相手とのやり取り、話の流れにのって時空を自由に飛び回るのがふつうではないですか。まさに時をかける。

　しかし小説の場合は違う。本書は小説家志望の人たちのためではなく、ふつうの人がふつうに文章を綴るためのものですが、いまやケータイ小説などもあり、従来のジャンルの垣根がどんどん再編されているので、小説の文章についてもしろうとながら意見を述べさせていただきます。一般論としていえることは、小説は、未来小説やSFも含めて、すべて過去形で書きます。

SFであっても未来のことを過去のこととして書く。——これは、書き手（語り手）の視点を未来の出来事（ストーリーの世界）よりもさらに未来に置くからです。未来も今も過去も過去形で書きます。でたらめに本棚の小説を抜きとっても、川端康成の『伊豆の踊子』（新潮文庫）は「道がつづら折りになって、いよいよ天城峠《あまぎとうげ》に近づいたと思う頃《ころ》、雨脚《あまあし》が杉《すぎ》の密林を白く染めながら、すさまじい早さで麓《ふもと》から私を追って来た」で始まり、エンタメ小説の住野よるの『君の膵臓《すいぞう》をたべたい』（双葉文庫）は「クラスメイトであった山内《やまうち》桜良《さくら》の葬儀は、生前の彼女にはまるで似つかわしくない曇天の日にとり行われた」と、同じく「た」が文末を占めます。まるで「た」は小説のお約束のよう。

小説はいつも「た」で終わるか

こんなことを言えば、読者はまさかといって、たちどころに反例を五つ六つ並べるでしょう。たとえば島崎藤村の『夜明け前』、（岩波文庫）の有名な出だし「木曾路《きそじ》はすべて山の中である」はどうか、夏目漱石の『吾輩は猫である』、（岩波文庫）の冒頭「吾輩は猫である。名前はまだない」はどうなのか。いずれも文末が「た」ではなく「る」です。

このような例はたしかにいくつも見つかりますが、冒頭の現在形はしばしば別の働きをします。――広い意味での場面設定。映画でいえば、たとえば造船場のある港町を一望する風景をバックに街の名前を重ねる、これだけでおおよその状況を描けます。年代も添えられるかもしれない。京都なら常套的に東寺の五重塔を映して鐘をひとつ突く、パリならエッフェル塔、ニューヨークなら自由の女神を上空から回り込む、ローマなら……。この働きを小説の出だしの現在形は果たすのです。

もちろんつねにこうでなくてはならないということはありません。いきなり赤ちょうちんやバーが軒を連ねる場末の狭い横町を、前のめりになって必死に逃げてくるチンピラの背後から銃声が二発三発、水たまりに顔からどっと倒れ込む姿をクローズアップ、というのもありです。川端康成の『山の音』（新潮文庫）の冒頭もいきなり現場へのパタンです。

尾形信吾《おがたしんご》は少し眉《まゆ》を寄せ、少し口をあけて、なにか考えている風だった。

信吾って誰か、その表情を観察しているのは誰なのか、これだけでは何もわかりません。小説は形式にこだわる必要のない芸術のジャンルです。どう書いてもいい。場面設定が先に来ようが、即ストーリーが展開されようがかまいません。が、話がいったん転がりはじめると「た」が支配的となるでしょう。すると「た」の連続の問題がやはり残ります。そこで書き手はいろいろとくふうを凝らすのです。

すべて現在形で通す作品もないではないですが、やはりよくあるのは次のような例です。

木曾路《きそじ》はすべて山の中である。あるところは岨《そば》づたいに行く崖《がけ》の道であり、あるところは数十間の深さに臨む木曾川の岸であり、あるところは山の尾をめぐる谷の入口である。一筋の街道はこの深い森林地帯を貫いていた。（島崎藤村『夜明け前 第一部（上）』、岩波文庫）

これで第一段落のすべてであり、木曾路を舞台とするストーリーの幕が開きます。文末のみ記せば「る」「る」「た」――「た」で物語の場が定まる感じでしょう。

もうひとつ例を見てください。

仙吉《せんきち》は神田のある秤屋《はかりや》の店に奉公している。

それは秋らしい柔かな澄んだ陽ざしが、紺の大分はげ落ちた暖簾《のれん》の下から静かに店先に差し込んでいる時だった。店には一人の客もない。帳場格子《ごうし》の中に坐って退屈そうに巻煙草《たばこ》をふかしていた番頭が、火鉢の傍《そば》で新聞を読んでいる若い番頭にこんな風に話しかけた。（志賀直哉「小僧の神様」『小僧の神様・城の崎にて』、新潮文庫）

これも「た」を基調に据えた名作です。ただ文末は「る」「た」「い」「た」と、現在ではじまり、段落を改めて過去となったのち、再び現在、それからまた過去に戻ります。ちょっと複雑なようですが、いったん過去になってから早々と現在が挿まれる理由はなんなのでしょうか。

その説明は次節に委ねることにして、志賀の作品の冒頭をもうひとつ読みましょう。

私が自分に祖父のある事を知ったのは、私の母が産後の病気で死に、その後二月《ふたつき》はど経《た》って、不意に祖父が私の前に現われて来た、その時であった。私の六歳《むっつ》の時であった。

或る夕方、私は一人、門の前で遊んでいると、見知らぬ老人が其処《そこ》へ来て立った。眼の落ち窪んだ、猫背の何となく見すぼらしい老人だった。私は何《なん》という事なくそれに反感を持った。（志賀直哉『暗夜行路　前篇』、岩波文庫）

これは志賀の唯一の長編です。はじまりから実に三ページにわたって、文にして四七センテンスのすべてが「た」で終わっています。この恐ろしいほどの「た」の連続を、どのようにして飽きさせずに読ませるのか。志賀といえば簡潔な書きっぷりの名文家として定評がありますが、それとこの文末の単調さはどう調和するのでしょうか。

しかし志賀の淡泊はけっしてまねてはならない。まねてまねられるものではないからです。ごく一部のプロを除いては。志賀の「た」はタタタタと気持ちよいとさえ思えるリズム、まるで舞台でしんしんと降る雪を小太鼓がトントントントンと小さく打ち鳴らす音で表現する演出効果に似ています。「た」は、いくら連打されようと、まったくといっていいほど気にならず、ほとんど気を消している。まさに名人芸。これを手本にせよというのは無理です。

ただ、感心しているだけでは本書の目的は達せられないので、そのくふうの一端はすぐに明らかにしますが、その前に二、三の文章家が文末問題についてどのように発言しているかを見ておきましょう。

文豪の意見

私ひとりが日本語の文末問題についてから騒ぎをしているのではありません。先に文章読本の御三家を挙げましたが、斎藤はご丁寧にも新御三家も選んでいました。刊行順に並べますと、

本多勝一『日本語の作文技術』、初版一九七六年（朝日新聞社、現在は『〈新版〉日本語の作文技術』、朝日文庫）
丸谷才一『文章読本』、初版一九七七年（中公文庫）
井上ひさし『自家製 文章読本』、初版一九八七年（新潮文庫）

新聞記者だった本多のものは、現在ではより新しい世代向けの類似品が雨後の筍の勢いで毎年再生産――たいていはより小粒――されているので、その賞味期限がほぼ切れかかっていること、また文末問題にはまったく発言していないので、ここではとばします。

丸谷と井上は、ともに有名な作家です。丸谷は古典の素養を熱心に説く一方で、現代日本語の文末問題にとても敏感な文章家でした。彼の『文章読本』がまる一冊分その優れた実践例でもあるといえば読者は驚くでしょうか。ただ現代の視点からすれば、古典に肩入れしすぎた憾《うら》みがなきにしもあらず。また最後まで旧かなにこだわったのもどうだったでしょう。

とはいえ、内容的には古典的価値をもつことを何人《なんぴと》も否定できません。過去の形だと「だつた」「あつた」「行つた」などと「文章の終りの音がみな揃ふといふこと」に懸念を示し、「これは一見つまらぬことのやうだが、実は現代日本語で文章を書くに当っての大問題なのだ」と正確に指摘します。「ともすれば文末でせつせと同じ韻を踏みつづけるやうな単調さに陥りがちだし、その単調さは究極のところ、文章全体の平板さ、鈍重さ、眠気を誘ふ感じを作り出すことになる。〔……〕文末の処理にはほとほと難渋する」（丸谷才一『文章読本』、中公文庫）と。

では具体的にどうすればよいのか。これに対しては逐一ことばではっきり説明してもらえません。代わりに実例をひとつぽんと示されるだけ。それもいまではちょっと古すぎて——旧漢字旧かな——現代文を書くのに直接参考にならないでしょう。おそらく同書そのものを見本とせよ、というのが本音だったのではないでしょうか。それは実に多彩な文末の上等な見本帖でもあります。

よく読めば、「過去のことを述べる場合にもところどころ現在形をまぜるのは、すこぶる有効な手だらう」（同前）という実践的なアドバイスも目につきますが、それ以上の、どこでどのようにどの程度交ぜるのが効果的なのかについては明らかにされません。じれったい思いが募りますが、やむをえないでしょう。頭の中にはすべて織り込み済みでも、それを万人にわかることばで説明するのは別の視点が必要です。

もうひとりの井上は、庶民派で旧かなの愛好家ではありません。オノマトペ（擬音・擬態語）を使わせれば右に出るものなし。もちろん語らせても。オノマトペと関連づけて「日本語において表現のすべては文末で決定される」（『自家製 文章読本』、新潮文庫）と述べます。これは英語などのSVO言語（主語・動詞・目的語の語順）に対して、日本語はSOV言語（主語・目的語・動詞の語順）だからです。たいていは文末の動詞（＋助動詞）で決まってしまう。その結果「文末の異様なばかりの単調さ」（同前）が浮き彫りになり、「退屈な文末は日本語の宿命か」（同前）と嘆いて、なんとか「踊るような文末にならないものか」（同前）と策を練ります。しかしここでもなかなか明確な解決策は示されず、模範的な文例でもって自ら悟る方向に導かれます。

この問題がいかに悩ましいかは、谷崎も気づいていました。日本語は「センテンスの終りの音に変化が乏しい」ので、口語体だと「結局は『る』止めか『た』止めになってしまう」（『文章読本』、中公文庫）と。また三島も同趣のことをさらりと述べています。

新御三家の方は、もうひとり、私なら本多に代えて筒井康隆を推したいところです。『創作の極意と掟』というおもしろい本は、若い小説家のために遺言としてしたためられたものですが、内容的に少なくとも半分くらいは文章読本の性格を有しています。わざわざ「語尾」という項目を立ててこう言います。

新人ならともかく、年季の入ったプロの作家でも語尾に悩むことがある。例えば「であった」「である」「なのだ」「なのだった」「た」「だ」などのどれにしようかと悩み、語尾を書いては消し書いては消す。そのうちにわけがわからなくなり、その語尾を使うことにはそもそもどんな意味があるのか判断ができなくなってしまうというものである。これはどんな作家でも大いに悩んだ方がいい。悩んだ末に悟りの境地があります。（筒井康隆『創作の極意と掟』、講談社）

あ、やはり「悟り」なんだ。音読せよ、リズムを考えよ、などの教えはよく耳にしますが、修行をつんだ作家は「語尾の重複を気にしながら長年書いているうちには、音読せずともしぜんに語尾の変化や文章のリズムも体得できるようになる」（同前）ものらしい。この書は、丸谷のと同じように、一冊まるごと文末が変化に富む貴重な実践例となっています。ただその秘訣は教えてもらえません。まるで悟りの境地に達した作家だけがひそかに約を交わし、文末の極意を秘匿すべく結社を組織したかのようです。なお前ページからの引用は、常体と敬体の混交例であることも確かめてください。

過去の過去形

現代文の文末に文豪も苦労するのなら、昔の日本語はどうだったのでしょうか。ここでいきなり古典を導入するのもどうかと思えるので、泉鏡花のある短編の冒頭を掲げて、その香りだけを味わってもらいましょう。

日は午《ご》なり。あらら木《ぎ》のたらたら坂に樹《き》の蔭もなし。寺の門《もん》、植木屋の庭、花屋の店など、坂下を挟《さしはさ》みて町の入口にはあたれど、のぼるに従ひて、ただ畑《はた》ばかりとなれり。番小屋めきたるもの小だかき処《ところ》に見ゆ。谷には菜《な》の花《はな》残りたり。路《みち》の右左、躑躅《つつじ》の花の紅《くれない》なるが、見渡す方《かた》、見返る方《かた》、いまを盛《さかり》なりき。ありくにつれて汗《あせ》少しいでぬ。

空よく晴れて一点の雲もなく、風あたたかに野面《のづら》を吹けり。（泉鏡花「竜潭譚《りゅうたんだん》」、川村二郎編『鏡花短篇集』、岩波文庫）

これで十分に古文です。発表されたのは明治二九（一八九七）年。参考のために二葉亭四迷の「浮雲」——日本初の言文一致体の小説——が発表されたのは明治二〇年です。右の引用の文末の豊かさにため息がもれませんか。過去形（および現在形）のバリエーションを楽しんでいた、あるいは踊る文末とまだ自由に戯れていた。ほんの一〇〇年ちょっと前のことなんですが。

少し整理しておきましょう。

いまでは数少なくなった時の助動詞は、かつて主なものだけでも六種類ありました。藤井貞和の『日本語と時間』(岩波新書)から要約抜粋します。

き――過去の一点
けり――過去から現在への時間の経過
ぬ――さし迫る、既定となりつつある時間、~てゆく、~てしまう
つ――ついいましがた、~てのける、~てしまう
たり――~てある、~てしまいいまにある
り――~(し)おる、~(し)ある

現代語の「た」――藤井によれば早く一二世紀に成立――を考えると、右の「たり」から「た」が分離した点が重要でしょう。その「たり」は、やはり一覧にある「つ」に「あり」が下接した「つあり」の縮まった形とされます(同じく「けり」は「き」+「あり」から)。現在の「た」に完了と過去の二つの主な用法があるのは、この経緯を反映するのでしょう。次の例文を見てください。

(1)月が出ました／出た。(完了)

(2)きのう展覧会に行きました／行った。(過去)

(1)は月が出たのに気づき、いまも月は照っています。完了した結果の状態が続き、次の(3)なら

(3)もうレポートは提出しましたか。

完了の意味合いがより前面にでます。(1)と(3)に対して(2)は過去の時制(テンス)を表します。

では次の例の「た」はいったい何なのでしょうか。

(4)さあ行った行った。

この「た」に命令の意味（話し手の差し迫った気持ちなど）が備わるとするのは無理でしょう。たしかに(4)は命令表現になっていますが、「た」そのものは命令ではなく完了だと思います。完了した状態（「行ってその場にいなくなってしまった」）を求めて発せられるのです。試合でまだ勝負がついていないのにもかかわらず「もう勝った勝った」「この試合はもらった」というのと同じく、いわば未来先取り的な発言（予祝《よしゅく》の一種）でしょう。場の意味と語彙的な意味を混同しないようにしたい。

これ以上の深入りはしません。わかったのは、かつて日本語には微妙なニュアンスを使い分ける時の形がいくつかあったこと、また現在の「た」にも複数の用法があることです。いまさら過去の複雑な表現法を復活させることはできないので、私たちはいまあることばの素材を最大限に生かす方法を考えなければなりません。

といっても心配はご無用。すでにこれまでの例にさえ、いくつものアイデアが見え隠れしていました。次節ではその基本的仕組をできるだけわかりやすく述べましょう。文末問題をプロの悟りに独占させておくわけにはいきません。ちょっとしたくふうをすれば誰にだって作家のような文章は書けます。これは知識であり技術。知って少し訓練すれば技《わざ》が身につくでしょう。

第三節　「主体性」から見た文章技法

文章に律動感や躍動感を与えるには、文末をくふうして変化をつけるのがまず一番、と説明してきました。ポイントは二つ。

①デス・マス調とダ・デアル調をうまく調整する。
②過去・完了の「た」に現在形をうまく配合する。

この節では①と②の「うまく」の技を明らかにします。それ以外の技法については次章で述べましょう。

混交文の効果

①の調整の仕方の例として敬体と常体の混交文がありました。次の引用の傍線部は敬体、波線部は常体を表します。

「下塗りをおろそかにしては、あつみのある、ぽってりとした色は出ません」

谷正利はそんな表現で、下塗りの大切なことを強調していました。谷は飛驒高山に住む、春慶《しゅんけい》塗りの名手です。

使えば使うほど底づやの出てくる漆器を作るには、下塗りが大切です。まず豆汁《ごじる》を塗って下地を作る。ついで漆の下塗りをする。二カ月ほど寝かせてからまた下塗りをする。五度も六度も下塗りを繰り返す。そういう丁寧な仕事のあとに、上塗りをします。あのやや黄みをおびた琥珀の色つやはそうして生まれるのです。

文章でも、同じことがいえるのではないでしょうか。（辰濃和男『文章の書き方』、岩波新書）

これはデス・マス調によくあるサンドイッチ型で、前後のデス・マスの間にダ・デアルを挿みます。ではどのタイミングで敬体から常体に変わり、そしてまた敬体に戻るのか。右の例では下塗り――文章の場合なら探索の範囲を広くとること――の大切さを説明して、その工程を具体的に列挙します。その一つひとつが簡潔な常体で並べられているのがわかるでしょう。常体ならではのきびきびとした立ち回りが印象的です。

同じ著者の文章をもうひとつ。現場感覚を大切にという章の一部です。

五島列島の旅で、足を折ったことがあります。椿の原生林を見るために船でなぎさに着きました。へさきから、砂浜に飛びおりただけで、へまをして転び、骨を折ってしまったのです。わがことながら情けなく、しばらく松葉杖の厄介になりました。

松葉杖で駅へ行く。駅の階段をのぼって、おりる。乗り換えの駅でまたのぼって、おります。新橋駅から新聞社まで歩く。歩道橋をのぼって、おります。（同前）

ここにも具体例の列挙の雰囲気がありますね。しかしより大切なのは、敬体から常体に切り替わって、カメラが現場にすーっと寄っていく様です。そこから生中継が始まる、という感じでしょうか。これには実はもうひとつの技法が絡んでいます。「しばらく松葉杖の厄介になりました」の過去形から「松葉杖で駅へ行く」の現在形への変換。これは②の技法です。

①と②はもちろん単独で働くこともありますが、このように協働することもあります。

では何がその糸を引くのでしょうか。それを司る働きを主体性と呼びましょう。文章に起伏をつける重要な技法として、主体性を高めるという方法があるのです。

その概要を知るのにもう一例追加させてください。同著者は、文章の要になることばを探します。なかなかすぐには見つからない。探して探して、ようやくこれで書けるという気になりました。次の一節では「白い玉」がそれに当たります。

以前、旅先のホテルでテレビを見ていたら、香港か台湾かのお祭りの様子が映されていました。大きな張り子の竜が人波のうえを流れてゆく。その竜の目の前に白い玉が揺れている。竜は玉がほしくて顔を左右に振る、玉が逃げる、という動作が続きます。竜が玉を追いかける仕種はえんえんと続くのですが、玉があるから見物人はあきない。

鍵になる言葉とは、この白い玉のようなものだ、とそのとき思いました。玉があり、それを追う竜の仕種があるから、人びとはあきない。玉がなければ、竜の舞いもいたってしまらないものになります。（同前）

傍線部と波線部は文末の敬体と常体の区別に限っていますが、ここでも①と②が同時に働くのがよくわかるでしょう。ホテルでテレビを見ている状況からテレビの中へ、さらに竜の舞いの現場に吸い寄せられます。過去形から現在形への変化にリズムがあり、敬体から常体への交替でスタジオから現場に中継が切り替わる。銅鑼《どら》の音や見物人の歓声までが聞こえそう。これは主体性が高まったせいです。主体性を高めるとは、書き手あるいは語り手が現場に立ってその場の空気感も含めて実況中継をすることです。

確認のために次の二文を比べましょう。どちらがより主体的な表現ですか。

(1)私といっしょに逃げよう。
(2)いっしょに逃げよう。

どちらにせよ緊迫した場面が想像されますが、(2)の方がより主体性の高い表現です。(1)は「私」を言語化しているぶんだけ現場から少し距離をとっている。どういうことかというと、「私」を表現として発言の舞台に上げて、語り手はそこから少し――ほんの少しだけれど――離れて眺めている。本当に現場に立てば、(2)のように「私」は完全に不要です。

この時点で主体性の意味がまだ十分に納得できてなくてもかまいません。この小さな項は予告編のようなもので、本編はこれからです。名作からの引用もいくつも用意してあります。その準備としてまず視点の問題を登場させましょう。

視点の置き所

前項の中ほどでカメラワークの話を例にしました。次の場面を想像してください。二人が向かいあって対話しており、それをカメラが追う。いくつかの角度から二人を映します。主な画面は次の六種になるでしょう。

まず図aは、AとBから等距離にカメラを据えて、AとBを左右対等にとらえます。もっとも基本的なアングルです。図bは、両者の裏側にカメラが移動して、AとBの位置が反転します。次にカメラをAの背に回り込ませて、Aのうしろ姿を画面の端に取り込んで、やや斜めからBをとらえる。これが図cで、図dはこれを逆転させたもの。もうひとつは、どれだけ技術的に可能かどうかは別にして、カメラが（ほぼ）完全にAの視点と一致する場合です。Bを真正面に見ます。これが図eで、この逆が図f。

ではこの中でどれが主体性の高い表現でしょうか。図eと図fです。図eではカメラが

図1 カメラ位置と主体性

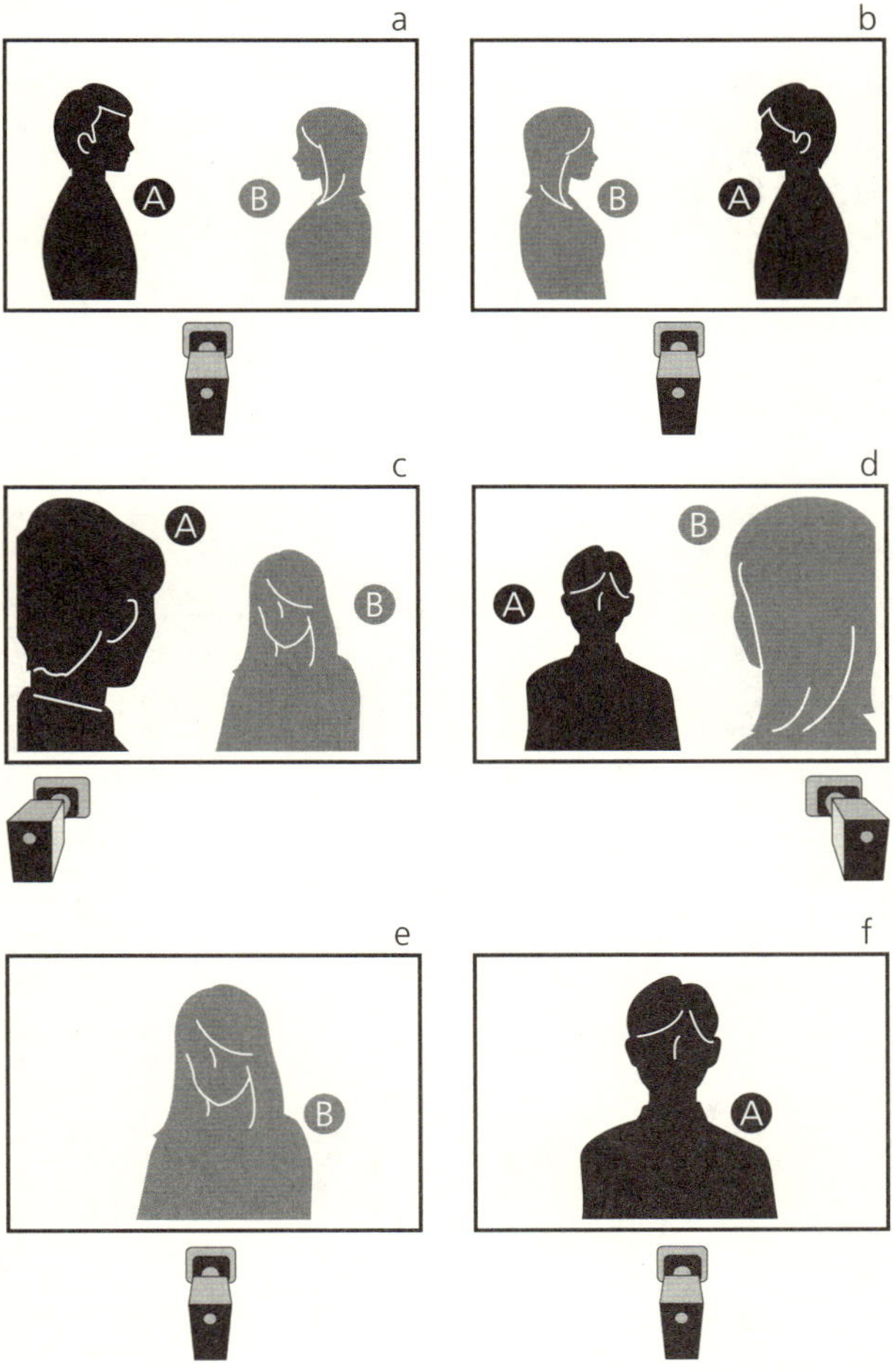

図版制作:アトリエ・プラン

Aの視点と一致しているので、Aの見え方そのものを表します。図fならカメラはBの視線を代替します。図cはA寄り、図dはB寄りで、やや主体性の高い表現といえますが、それぞれAとBも被写体として映像に一部登場します。図eや図fのように自分の姿を消し去ってはいません。図aと図bは主体性がもっとも低い場合です。

この種の映像の違いは容易に言語表現に移せるでしょう。というのも、そもそも表現するとは、ある視点にカメラを据えて（抽象的な議論ならある立場に立って）、ある状況を適当に取捨選択しながら描写することにほかならないのですから。主体性の高低はカメラのアングルとクローズアップの度合いに相当するといえます。

ある有名な小説の冒頭——。

国境の長いトンネルを抜けると雪国であった。夜の底が白くなった。信号所に汽車が止まった。

向こう側の座席から娘が立って来て、島村《しまむら》の前のガラス窓を落とした。雪の冷気が流れこんだ。娘は窓いっぱいに乗り出して、遠くへ叫ぶように、

「駅長さあん、駅長さあん。」

明りをさげてゆっくり雪を踏んで来た男は、襟巻《えりまき》で鼻の上まで包み、耳に帽子の毛皮をたれていた。（川端康成『雪国』、岩波文庫）

冒頭の「国境の長いトンネルを抜けると雪国であった」の視点はどこにあるのでしょうか。次の四つから選んでください。

①私
②島村
③トンネルの出口が見える雪原
④トンネルの出口が見える上空

日本語が理解できる読者なら、ほぼ百パーセント②の正解にたどりつきます。『雪国』は島村の視点から書かれた三人称小説です。しかし「国境の〔……〕信号所に汽車が止まった」を読むだけでは、①か②かがはっきりしません。語り手が一人称か三人称かがわからない段階ですから。でも③と④は選ばないでしょう。冒頭の景色の変化——暗から明へ、黒から白へ——を感じとっている認識主体がいるはずだ。「雪国であった」と判断し、「夜の底が白くなった」と感知する主体が。

次に島村が登場して、「私」の視点と島村の視点がいっきに融合します。ぴたっと重なりあう。この時点から振り返ると、冒頭の「国境の長いトンネルを抜けると」からして島村の視点だと理解されます。この部分はとくに「抜けると」の主語がない。何が「抜ける」のか。言うまでもなく、汽車であり、焦点を絞れば汽車に乗る島村です。島村の知覚・認識を島村の視点から主体的に描写する。

そして島村が小説の舞台に登場すると、カメラはちょっと引いて主体性を少し下げます（先ほどの図ｃや図ｄに近いカメラ位置を思い浮かべてもいいでしょう）。同じ三人称小説でも、このように微妙な視点の出入りがあります。この点はのちに述べることとも関係するのでぜひ覚えておいてください。

では③と④はそもそもありえない選択だったのでしょうか。次の英訳を見てください。冒頭の一文で、訳者はサイデンステッカー。あの『源氏物語』も英訳した日本文学の研究者です。

The train came out of the long tunnel into the snow country.

　さてこの表現の視点はどこにあるかを推測しましょう。川端の原文とははっきりと異なります。トンネルの外の③または④ではないですか。その根拠はしっかりとしていて、右の英文を文字通りに訳すと、「汽車はトンネルから出て来て、雪国に入った」となることからわかるように、came の使用が決め手です。一般に come の基本的な用法は、視点に近づくこと。この場合だと、トンネルの出口が見える位置から見て、汽車が「出て来る」のが見えてなくてはなりません。目にはいる光景は②とはずいぶん違います。原文の視覚的効果はかなり削ぎ落とされました。

　にもかかわらずサイデンステッカー訳はもちろん悪くありません。このおかげもあって川端康成はノーベル文学賞を手にしました。英語には英語の表現方法があり、主語をはっきりと立てざるをえず、その主語は汽車なのか島村なのかを明らかにしなくてはならない。それに③や④の視点をとることは、小説ではとくに奇をてらったことではありません。場合によってはこれを神の視点と呼んでもいいでしょう。この語り手は、作品の中を自由に移動でき、もちろん島村の心の中にも入っていきます。さらにもっとパワーアップすると全知全能の神（万能の語り手）となることもあり、テレビドラマならこちらの方が主流でしょう。

主体性と視点

主体性の説明をさらに続けます。少し目先を変えて童謡の世界をのぞきましょう。「汽車ポッポ」の歌詞（一番）の後半に次のくだりがあります。

♪畑も飛ぶ飛ぶ　家も飛ぶ
走れ　走れ　走れ
鉄橋だ　鉄橋だ　楽しいな♪

視点がどこにあるのかは自明でしょう。児童が汽車に乗って窓から外を眺めています。列車内の視点は動かず景色が流れ、畑も家も後方に飛んでゆく。やがて向こうから鉄橋が近づいてくる。うきうきした気分が伝わりますね。視点が児童におかれた主体性の高い歌詞です。

一般に、子どもは自分以外の視点はとりにくい。おとなの作詞家は、童謡を歌う子どもたちのまなざしを借りて、そこから見える（と想定した）景色を詞に託します。主体性の高い表現の視点は、歌う児童の視点と同化しやすいからでしょう。

これに関連して「となりのトトロ」を表現面から考えるのもおもしろい。人気の根っこはもちろんアニメそのものにありますが、タイトルにも人気の秘密があるように思えてなりません。ポイントは「となり」。いったい誰のとなりなの。

まず「となり」は位置関係を表すことばです。サツキやメイやネコバスは広い意味でのものですが、お父さんや先生は人間関係に基づく表現です。お父さんは誰かのお父さんであって、先生は生徒がいてはじめて先生です。もちろん生徒も関係を表すことばです。同じく、となりは「AのとなりのB」が基本の関係を表し、いまBはトトロです。そこで「Aのとなりのトトロ」のAとは誰なのか。説明のために二つの選択肢を示しましょう。

①サツキ（あるいはメイ）のとなりのトトロ
②私のとなりのトトロ

アニメをご覧になった人は、トトロと実際に出会ったサツキやメイをAと見なすでしょう。しかし一歩進めて、サツキやメイに共感する観客は、おとなも子どもも関係なく、限りなく彼女らのそばに自分を立たせて、①を「サツキ（あるいはメイ）のような私のとなりのトトロ」「サツキ（あるいはメイ）と一体になった私のとなりのトトロ」のように解釈しはじめます。もっと押し進めると、サツキ（あるいはメイ）＝私となって、①と②の壁はなくなります。

しかし、です。②には表現のうえで「私」が残っている。「私」は表現主体の分身のようなもの。現実世界では隣の誰それのことを指して「私の隣の誰それ」と言うことはありません。「私の」はわかりきっているのでふつう言語化はされない。これと同じように、②の究極の表現は「となりのトトロ」となり、①の究極の表現も「となりのトトロ」となって表面的には区別がつかなくなってしまいます。主体的解釈は、向かう方向によっていくつもの意味が生じるでしょう。アニメのタイトルが幾重にも意味をはらむ――曖昧性による意味の豊穣――のはもちろん悪いことではありません。

話を童謡に戻して――。「汽車ポッポ」とタイトルが混同されやすい「汽車」も、主体性の観点から読み解くとおもしろいでしょう。

♪今は山中　今は浜
今は鉄橋渡るぞと
思う間もなくトンネルの
闇を通って広野原♪

この歌詞も主体性がきわめて高い。これは最初の二行だけでもわかります。つねに、いま・ここ・私の視点です。汽車はどんどん走って景色は山中、浜、鉄橋と変わっていくのに、つねにそれを見ている瞬間は「今」なのです。この「今」に「ここ・私」が寄り添う。視点はつねに汽車の中の「いま・ここ・私」で、そのままトンネルを突っ切って広野原に出ます。極めつけの主体的表現です。

現象文と出会う

主体性との関連でちょっと変わった表現があります。

(1)あ、雪。

「あっ、雪」と書いても効果は同じで、好みの問題でしょう。その場ではじめて気づいたことを表し、現象文と呼ばれます。なにも雪のように視覚表現でなくても「あ、そうだ」「あ、財布がない」でもかまいません。これが「ああ」になると「ああ、いい湯だ」のように緊張が弛む。「おや」や「まあ」もゆとりを感じさせます。湯に片足をつけたときに言うセリフではなく、それならたとえば「あ、アツっ」かもしれません。

現象文――その程度に差を認めつつ――は主体的な表現です。「あ」を伴うような典型的な現象文は、「いま・ここ・私」の主体的表現の特徴がみなそろって、その瞬間その場で私が発します。状況が整うならば「あ」がなくとも、気づきの気持ちを込めて「雪!」と言ってみましょう。それでも意図は伝わるはず。

その例として――。

(2)火事だ!

これは英語でも“Fire!”です。次の表現と比べてください。

(3)台所［二階］が火事だ！

(3)は現象文ではなく報告文です。現場を離れて家族などに急を知らせる場合です。その瞬間その場で発せられるものではない。

(1)や(2)をもちだしたのには理由があります。次の表現も現象文の仲間に入れたいからです。

(4)おいしい！

ものを味わった瞬間の発言と理解してください。「キンメ鯛よりキンキの方がおいしい」というような文ではなく、あくまで食事の現場での発言です。「うまい！」でも結構。なにも『美味しんぼ』のように「シャッキリとした歯ごたえ、繊細で上品かつ淡泊な味っ」「旨味の要素がいくつも絡まりあって、豊潤にして玄妙極まりない」のような特別な「味ことば」はいりません。対面の場であれば、味そのものは二人の間にあるのです。

(4)は主体性の高い表現です。「おいしい」と働きが似た表現に「うれしい」「悲しい」「恥ずかしい」などの表現があります。これらは、

(5)私は恥ずかしい。

などとは言えても、

(6)あなたは恥ずかしい。
(7)彼は恥ずかしい。

とはふつう言いません。「ふつう」を加えたのは、たとえば(7)は、恥ずかしがっているのが「彼」という意味で、ということです。「彼は（人前に出すのが）恥ずかしい」などの意味ではありません。後者の解釈は、結局恥ずかしい思いをするのは「私」であって「彼」ではない。これは「私は（彼を人前に出すのが）恥ずかしい」と関連づけられるべきですから。

でも、「彼」自身が恥ずかしい思いをしているとき、たしかに(7)は、単独ではおかしな表現に聞こえますが、次の文脈では問題なく成立します。何が起こったのでしょうか。

〔……〕周平は週に三度はこの庭園を散歩する。商売柄、どうしても運動不足になりがちなのだが、まだゴルフに凝るほどの金はないし、テニスは考えただけではずかしいし（あのファッションがどうも苦手なのだ）、ボウリングなんて一人でやるもんじゃない。（宮部みゆき「気分は自殺志願《スーサイド》」『我らが隣人の犯罪』、文春文庫）

「はずかしい」の主語は周平以外にはない。よって「周平ははずかしい」が成立して、その結果、この解釈の(7)は認められることになります。これは、語り手が周平の視線をとって主体性の高い表現を演出するからです。周平＝語り手＝私となって、(7)は(5)と事実上同じ解釈として受け入れられるのです。

主体性を高めるカメラワークに準じる表現操作は、次に見るように、決してまれではなく、無意識のうちに書き手がおこなうことです。ただ無意識なので自覚される機会が少ない。文章技法としてこれに光を当てましょう。

それには「語り手」の役割と基本的類型を知っておくことが必要です。

語り手の構図

語り手の類型を分類するのが目的ではありません。ただ語り手の視点の取り方によって文章の書きっぷりが異なること——これまでの主な関心からすれば、①敬体から常体への切り替え、②「た」から現在形への変換——を明らかにしたいのです。応用の幅も大きい。そのために三人称の語り手を代表に選びましょう。それも全知全能ではなく、ひとりの主人公の視点を借りる語り手とします。この仕組がわかれば一人称の語り手も神のような語り手も容易に理解できますから。略図を描くと**図2**になります。

主人公が「私」なら一人称の語り手、『雪国』の島村のようなら三人称の語り手となります。『雪国』の語り手はつねに島村に寄り添い、作中の他の登場人物——駒子や葉子——の視点をとったり、その心の中に入っていくことはありません。ですから駒子がひとりっきりになったり、駒子と葉子だけが会話をすることもなく、二人がことばを交わすときはつねに島村が立ちあっているのです。

図2　語りと視点

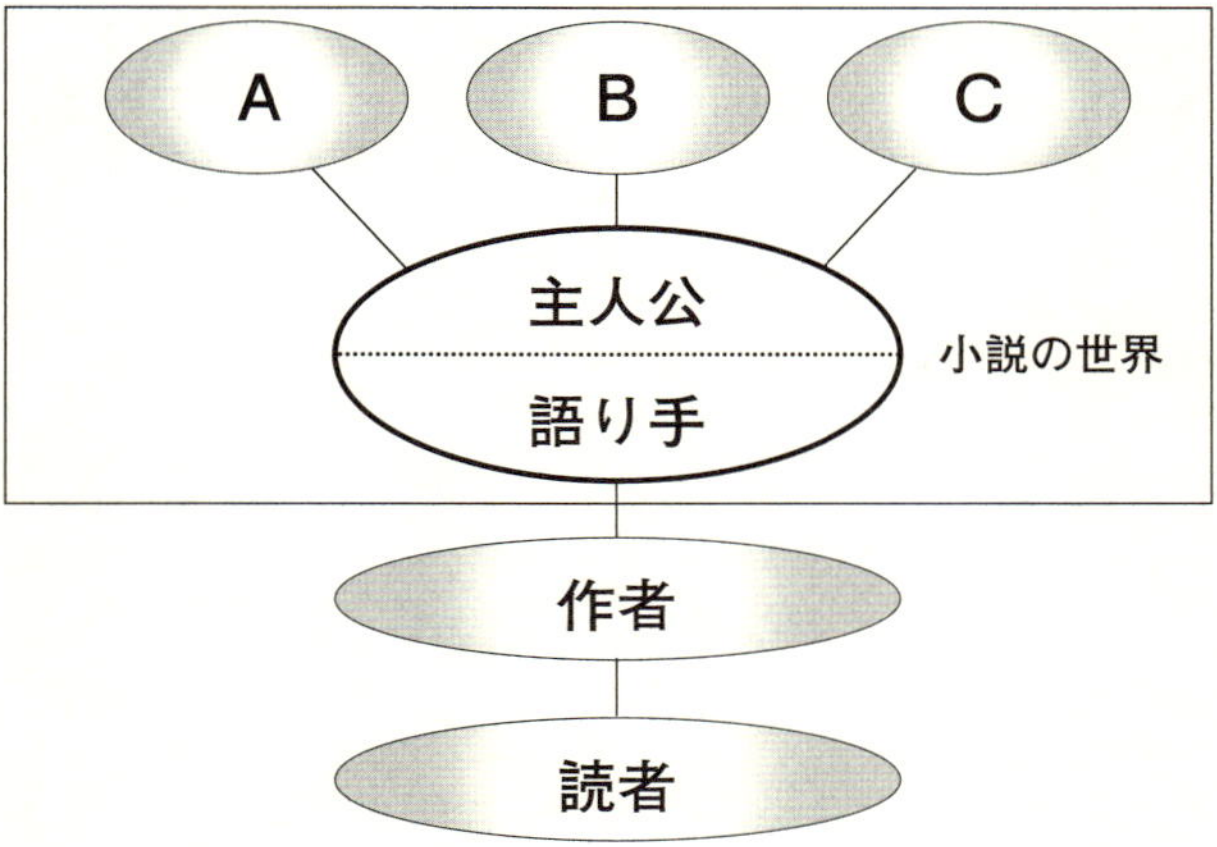

図を簡単に説明しましょう。もっとも大切なのは中央に破線がある白い楕円形の語り手と主人公の部分です。外周の楕円形の実線は、主人公と語り手が一体であることを示します。両者を区切る破線は、主人公と語り手とが完全には一致しないことを表します。しかし破線ですから、区別が濃くはっきりすれば両者は一線を画し、逆に無きに等しくなれば主人公と語り手は合一する。ふだんは主人公の背に語り手が張りついて、ときどき背から離れたり、主人公の内面に潜入したりするのです。この出入りが表現の肝と心得てください。

図のA、B、Cは小説の世界の出来事です。そこへ伸びる実線は、それぞれへの主人公の関与であり、これが小説の展開となる。作者は作品の世界の外にいて、語り手とは異なります。語り手はあくまで作者によって創造されたもので、とくに一人称小説の場合は、主人公の「私」と語り手の「私」と作者は混同されがちでしょう。そして最後に読者。読者は作者によってコントロールされた語り手からストーリーを受け取ります。

島村の部屋で一睡もしなかった駒子は、まだ温泉宿の周辺の村人が起きださないうちに帰ろうとする。「固い女帯をしごく音」で島村が目ざめてから、しばらく「た」が続きます。

そうするうちに部屋《へや》のなかまで明るんで来たか、女の赤い頬《ほお》が目立って来た。島村は驚くばかりあざやかな赤い色に見とれて、

「頬《ほ》っぺたがまっ赤《か》じゃないか、寒くて。」

「寒いんじゃないわ。白粉《おしろい》を落としたからよ。私は寝床へはいるとすぐ、足の先までぽっぽして来るの。」と、枕《まくら》もとの鏡台に向かって、

「とうとう明るくなってしまったわ。帰りますわ。」

島村はそのほうを見て、ひょっと首を縮めた。鏡の奥がまっ白に光っているのは雪である。その雪のなかに女のまっ赤な頬《ほお》が浮かんでいる。なんともいえぬ清潔な美し

さであった。（川端康成『雪国』、岩波文庫）

引用の最後の方の鏡に映った情景でさっと現在形に切り替わり、「鏡の奥がまっ白に光っているのは雪である。その雪のなかに女のまっ赤な頬が浮かんでいる。」ガラス窓と紙障子で漉された雪の白が鏡に映え、そこに駒子の白粉を落とした赤い顔が浮かぶ。それを凝視する島村の視線。語り手は島村の視線そのものとなり、鏡の白と赤のコントラストに目を凝らします。このときの島村の存在は視覚のみになっているといえるでしょう。主体性が最高に高まるとはこのような瞬間をいうのです。語り手が主人公とぴったりと重なってしまう。

しかし、たったこれだけのことか、と思われる読者もおられるかもしれません。そこで問題の現在形の用法を、できるだけ応用の利く形にまとめておきましょう。

感覚を研ぎすまして五感で感じること＋内心で感知することを直接ことばに託す。

書き手＝語り手は五感を全開にして世界を感じます。目を凝らし、耳をそばだて、鼻孔を開き、舌を尖らせ、皮膚を張りつめて、まるで高感度の受信機のようになって入力を待ちます。そこは小説世界の現場。五感にびんびんと響くものがあり、受信したままを読者に伝えます。余計な解説や感想をいっさい排して。主人公はもはや透明で実態は無きがごとし、語り手が主人公の五感となり心となって、感知したことと思ったことをその場で現在形で写しとります。

主体性が高まるのは、ストーリーがどんどん展開するさなかよりも、ふと立ち止まりあたりの情景に見入るとき、しばし物思いに沈むときに現れやすいようです。ただしあくまでそのような場合が多そうだというだけで、激しい動きのなかにも主体性の高まりは生じます。

たとえば「走れメロス」のなかの激走場面。メロスは最後の力をふりしぼって走った。畏友セリヌンティウスを自らの身代わりに死なせるわけにはいかない。

　路《みち》行く人を押しのけ、跳ねとばし、メロスは黒い風のように走った。〔……〕その男を死なせてはならない。急げ、メロス。おくれてはならぬ。愛と誠の力を、いまこそ知らせてやるがよい。風態なんかは、どうでもいい。メロスは、いまは、ほとんど

全裸体であった。（太宰治「走れメロス」『走れメロス』、新潮文庫）

最初と最後の「た」に挟まれた部分はすべて現在形で、メロスと一体になった語り手の声です。前ページに示した「内心で感知すること」を直接地の文に流し込む。ここでもう一度「汽車ポッポ」の窓外の景色の流れを思い出してもいい。

語りの構造

主体性と時制（現在・過去など）の区別、敬体・常体の住み分け、さらに両者の関係をより深く探究するには、語りそのものの構造を明らかにしなければなりません。語りはおおよそ次の三層（知らせる・語る・感じる）からできていると考えましょう。

ここまで述べてきたのは、「語る」と「感じる」の境目でした。ストーリーの進行を担うのは「語る」部分です。何が起きたのか、それに対して主人公を中心とする登場人物はどう反応したのかを語ります。もちろん語るのは語り手。そしてそのときに語り手は作中人物——霊や動物の場合もある——の内面に入ることがあります。これが内側の「感じる」の層。内心で感知したことをダイレクトに表現する瞬間です。

図3　語りの三層構造

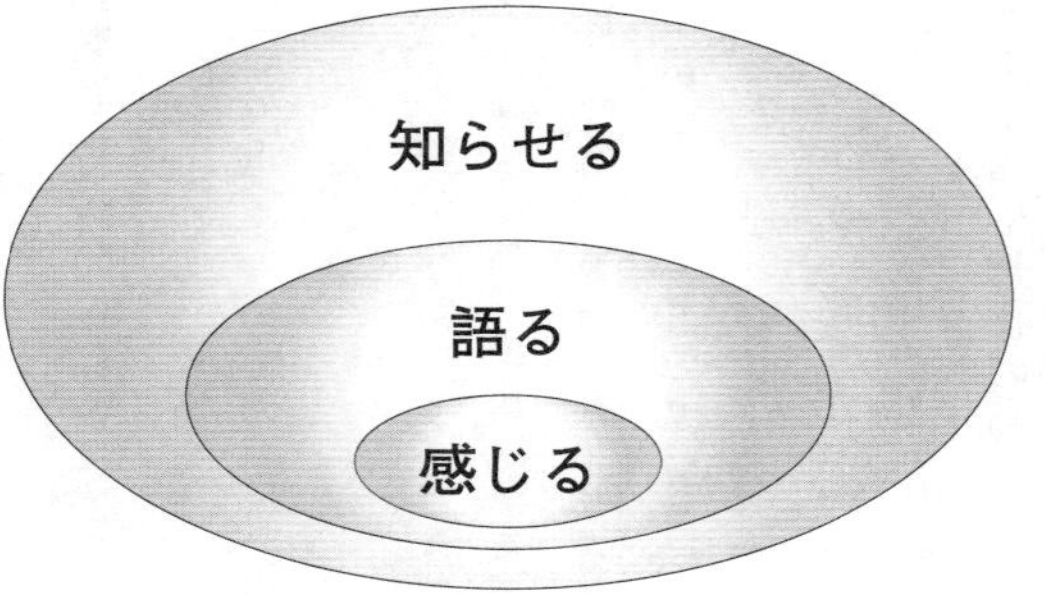

上の**図3**はもっとも外枠に「知らせる」の層があります。これについては本書でまだ何も説明していません。これは物語の導入部、状況設定で、たいていは冒頭におかれます。途中で場面転換があればそのつど「知らせる」層がふつう挿まれます。これも、先に述べたように、「いきなり話の中へ飛び込む」の型だと省略されることもあります。

「知らせる」の層はストーリーと区別するために現在形が用いられることも、あるいは物語にはやく溶け込ませるためにはじめから過去形が使われることもあります。現在形のわかりやすい例を『雪国』の途中の場面に見ましょう。いったん東京に帰った島村は駒子に会うためにまた戻ってきます。しかしそれは約束の日ではありませんでした。

「あんた二月の十四日はどうしたの。うそつき。ずいぶん待ったわよ。もうあんたの言うことなんか、あてにしないからいい。」

二月の十四日には鳥追い祭りがある。雪国らしい子供の年中行事である。十日も前から、村の子供らは藁沓《わらぐつ》で雪を踏み固め、その雪の板を二尺平方ぐらいに切り起こし、それを積み重ねて、雪の堂を築く。それは三間四方に高さ一丈に余る雪の堂である。十四日の夜は家々の注連縄《しめなわ》をもらい集めて来て、堂の前であかあかとたき火をする。〔……〕十五日の明け方に雪の堂の屋根で、鳥追いの歌を歌うのである。

ちょうどそのころは雪はいちばん深い時であろうから、島村は鳥追いの祭りを見に来ると約束しておいたのだった。（川端康成『雪国』、岩波文庫）

「二月の十四日」がどのような日であるかを、周りとは異なる現在形で「知らせ」ています。この箇所では語り手は島村からかなり引いていると考えていいでしょう。鳥追い祭りについてのこれだけの知識がすべて島村にあったとは想像しにくい。ひょっとすれば駒子から以前に聞かされていた、または東京で下調べをした、という可能性も完全には否定できませんが。語り手はここで、全知全能とはいわないまでも、半知半能ぐらいの神の視点をとっていると考えるのが自然でしょう。『雪国』に限っても、このようなところはほかにもいくつかあります。

「知らせる」働きをもう少し説明しましょう。小説に限ることなく、ふつうのエッセイを書くときにも役立ちます。右の『雪国』の例であれば、一般知識を読者に与えます。暦のうえでの行事なので『雪国』の仮想世界だけには限りません。このように読者の知識量を推し量って適切な背景的知識を補います。

背景とは別に、現在の状況を「知らせる」のも大事な機能です。複数の登場人物がいればその関係などはわかるようにしておかなければならないでしょうし、時間と空間の設定も最低限は書き込まなければいけない。これは過去形の場合も同じです。

そこで現状――語りがはじまる前の状況――を知らせる例を見ましょう。冒頭の短い段落の中で、敬体と常体が揺れ動きつつ、過去（完了）と現在が交じりあい、甘えと自虐が波のように交錯しながらストーリーに入っていきます。

　人の世話にばかりなって来ました。これからもおそらくは、そんな事だろう。みんなに大事にされて、そうして、のほほん顔で、生きて来ました。これからも、やっぱり、のほほん顔で生きて行くのかも知れない。そうして、そのかずかずの大恩に報いる事は、おそらく死ぬまで、出来ないのではあるまいか、と思えば流石《さすが》に少し、つらいのである。

実に多くの人の世話になった。本当に世話になった。（太宰治「帰去来」『走れメロス』、新潮文庫）

文末に着目すると、第一文は完了の「た」で敬体、第二文は推量の「だろう」で常体（敬体なら「でしょう」）、第三文は第一文と同じく敬体、第四文は「ない」で常体……と揺れる心の現状を「知らせ」つつストーリーの基調を整えます。

ところで「知らせる」「語る」「感じる」の三層分けは、境目がつねにすっきり分けられるわけではありません。半ば知らせながら語る、感じながら語ることがあるのは容易に想像できるでしょう。二分法であっても三分法であっても、分類とはカテゴリーに分けることであり、人間のつくるカテゴリーは、一般にコンピュータのゼロか一かのようにデジタル的にきれいに切り分けられるものではありません。中心があって周辺がある。これが私たちの頭にあるカテゴリーのふつうの姿です。

たとえばパンとケーキのカテゴリーはどこで分かれるのでしょうか。パンケーキ（ホットケーキ）のような悩ましいものもありますね。マフィンやドーナツは……。誤解されると困るのは、カテゴリー分けが無意味なのではないという点です。あんパンや食パンのようにいかにもパンらしいパンがあるように、カテゴリーの中心はしっかりしているのです。「知らせる」「語る」「感じる」の三層からなるカテゴリー分けもこのように考えてください。

一人称の語り手

志賀直哉の「城の崎にて」は短編の名作とされ、教科書にも採られているので読まれた方も多いでしょう。これは小説なのかエッセイなのか、どちらでしょうか。微妙なところですが、一人称小説としておきます。主人公は山の手線の電車に跳ね飛ばされて、湯治に城崎温泉の宿にしばらく逗留することになりました。主体性にかかわるカメラワークと時制の交替に注視して読み進めます。

自分の部屋は二階で、隣のない、割に静かな座敷だった。読み書きに疲れるとよく縁の椅子に出た。脇《わき》が玄関の屋根で、それが家《いえ》へ接続する所が羽目になっている。その羽目の中に蜂《はち》の巣があるらしい。虎斑《とらふ》の大きな肥《ふと》った蜂が天気さえよければ、朝から暮近くまで毎日忙《いそが》しそうに働いていた。蜂は羽目のあわいから摩抜《すりぬ》けて出ると、一《ひ》ト先《ま》ず玄関の屋根に下りた。其処《そこ》で羽根や触角を前足や後足《うしろあし》で叮嚀《ていねい》に調えると、少し歩きまわる奴もあるが、直ぐ細長い羽根を両方へしっかりと張ってぶーんと飛び立つ。飛立つと急に早くなって飛んで行く。植込みの八つ手の花が丁度咲きかけで蜂はそれに群っていた。自分は退屈すると、よく欄干から蜂の出入《ではい》りを眺めていた。（志賀直哉「城の崎にて」『小僧の神様・城の崎にて』、新潮文庫）

説明のために四つの部分に分けます。

①自分の部屋は二階で、隣のない、割に静かな座敷だった。
②読み書きに疲れるとよく縁の椅子に出た。脇が玄関の屋根で、それが家へ接続する所が羽目になっている。その羽目の中に蜂の巣があるらしい。虎斑の大きな肥った蜂が天気さえよければ、朝から暮近くまで毎日忙しそうに働いていた。
③蜂は羽目のあわいから摩抜けて出ると、一ト先ず玄関の屋根に下りた。其処で羽根

や触角を前足や後足で叮嚀に調えると、少し歩きまわる奴もあるが、直ぐ細長い羽根を両方へしっかりと張ってぶーんと飛び立つ。飛立つと急に早くなって飛んで行く。植込みの八つ手の花が丁度咲きかけで蜂はそれに群っていた。

④自分は退屈すると、よく欄干から蜂の出入りを眺めていた。

小説全体の中では小動物の生と死に関する三つの出来事と自身の生死にかかわる事故についての思索が交錯します。右の引用は最初のエピソード――一匹の蜂の死――の前段です。①が「知らせる」役割を果たすのは明らかでしょう。導入部です。④は「語る」部分の終結部でまとめ。①と④の文末はともに「た」であり、この間に②と③の小エピソードが挿入されます。これまで何度かお目にかかったサンドイッチ構造です。②と③で語りが展開します。

そこで②の内部も一文一文にほぐしてみましょう。

㋐読み書きに疲れるとよく縁の椅子に出た。

㋑脇が玄関の屋根で、それが家へ接続する所が羽目になっている。

㋒その羽目の中に蜂の巣があるらしい。
㋓虎斑の大きな肥った蜂が天気さえよければ、朝から暮近くまで毎日忙しそうに働いていた。

主人公が二階の縁に出てはじめて蜂を観察する場面です。各文末に注目すると、「た」「る」「い」「た」。過去・現在・現在・過去の再びサンドイッチ型。内容的には間に挿まれた二つの現在形で主体性が高まり、五感——ここでは視覚——と内心の思いが直截に表現されます。㋐で場面が動き（主人公の縁への移動）、㋑と㋒でカメラは主人公と重なり、「感じる」内容が描かれる。㋓で過去形に戻って語りをまとめる。こうして語り手は、主人公への微妙な出入りをします。

次の小エピソードでは、蜂の活動にいっそう接近します。③の内部も分解すると——。

㋔蜂は羽目のあわいから摩抜けて出ると、一ト先ず玄関の屋根に下りた。
㋕其処で羽根や触角を前足や後足で叮嚀に調えると、少し歩きまわる奴もあるが、直ぐ細長い羽根を両方へしっかりと張ってぶーんと飛び立つ。

㋖飛立つと急に早くなって飛んで行く。

㋗植込みの八つ手の花が丁度咲きかけで蜂はそれに群っていた。

おそらく読者は、あ、と思われたでしょう。㋔～㋗が㋐～㋓と構造的にそっくりなことに。㋔で場面が動き（蜂の屋根への移動）、㋕と㋖でカメラは主人公と重なり、㋗で過去形に戻ります。ここに構成美を見る人がいるかもしれない。あるいは文章技巧を嗅ぎつける人がいるかもしれない。志賀は端正な文章家であるとの評価が一般的であり、淡々とした書きぶりの印象が強いのではないでしょうか。文章に凝った感じがほとんどしませんが、実のところ、レトリックを目立たせないレトリックの使い手だと思います。

では、㋐～㋓と㋔～㋗の並行性は意図的なものでしょうか。あるいは偶然なのでしょうか。少なくとも偶然とはいえないと思います。この作品だけでも類似した形がほかにもいくつか現れますから。意図的かどうかはいまでは確かめられませんが、文章技法として体得されたものだと推測されます。作家としてはすでに無意識の域に達していたのでしょう。このレベルに達してはじめて文章は芸となり術となります。そこでいま主体性という用語を駆使してその技巧を解きほぐしています。

最後にもう一例だけ印象的な箇所を引きましょう。第一エピソードで蜂の死を見つめ、次にネズミの瀕死の現場を目撃し、そしていま第三の死に立ち会います。ある夕方、山手に向かう曲がりくねった道を川沿いに歩いているとき――。

段々と薄暗くなって来た。いつまで往《い》っても、先の角はあった。もうここらで引きかえそうと思った。自分は何気なく傍《わき》の流れを見た。向う側の斜めに水から出ている半畳敷程の石に黒い小さいものがいた。蠑螈《いもり》だ。未だ濡《ぬ》れていて、それはいい色をしていた。（同前）

問題の箇所は、もうおわかりでしょう。そう、「蠑螈だ」。そこまで連続して「た」で語られてきて、いきなりクローズアップで蠑螈が画面いっぱいにとらえられます。同じ現在形でも、「蠑螈である」よりも「蠑螈だ」の方が短くて印象が強い。過去形の「蠑螈であった」も「蠑螈だった」もこの場ではふさわしくありません。「蠑螈だ」が断然いい。

なぜなんでしょうか。と考えると、やはり主体性の高まりという見方に決着します。その場に臨んで語り手は主人公の目となり、「蠑螈だ」という表現に結晶させます。このあと「自分」は、驚かして逃がそうと思って石を投げます。それが意図せず命中して蟋蟀を殺してしまいます。

実験をしてみる

先にも述べたように、主体性が高まれば必ず時制などに影響が及ぶ、とは言い切れません。その可能性が高まるという程度です。そもそも主体性を高める場面が小説には必要ということもないのです。小説はどう書こうと自由です。たとえば芥川龍之介の「六の宮の姫君」は最初から最後まで文末が一糸乱れず「た」です。それでいて傑作。一度も主体性が高まることはなく、一貫して抑制のきいたトーンが維持され、いっそう姫君の不運な生涯があわれをさそいます。芥川は、自在に文体を変えて書ける傑出した作家でした。

ひとつ実験をしましょう。次の文章は筒井康隆の『創作の極意と掟』（講談社）から借りました。

彼は路地を奥の方へ進んで行った。塀があった。行き止りだった。彼は周囲を見まわした。通り過ぎたばかりの二軒うしろの家の前に見覚えのある自転車が置いてあった。静子が乗っていた青い自転車だった。ひどく汚れていた。

感情を排した乾いたハードボイルド調です。文章を少しいじりますので、比較してください。

　彼は路地を奥の方へ進んで行った。塀があった。行き止りだった。彼は周囲を見まわした。通り過ぎたばかりの二軒うしろの家の前に見覚えのある自転車が置いてある。静子が乗っていた青い自転車だ。ひどく汚れていた。

途中で時制を二つ変えました。それ以外はもとのまま。さてどんな効果が生まれましたか。視点が切り替わったでしょう。カメラワークで説明すれば、まず路地を進む彼をカメラが追う。彼は塀の手前で立ち止まり、周囲を見まわす。カット。次にカメラは彼の視点となって静子の青い自転車を画面にとらえる。彼の姿はフレームに入らない。最後の「ひどく汚れていた」で彼は再び画面に戻ります。

「ひどく汚れていた」も「ひどく汚れている」に書き換えると、彼の凝視がさらに続くとの読みが強まるでしょう。見覚えのある自転車から静子の自転車だとわかる、さらにそれがひどく汚れているのに気づく、と次第に細部に迫る構成です。
冒頭も少し変えてみましょう。

彼は路地を奥の方へ進んで行った。塀がある。行き止りだ。彼は周囲を見まわした。

また雰囲気が変わるのに気づくでしょう。説明は繰り返しませんので感じとってください。どちらがいいというものではないことも、わかってもらえたと思います。基本は自由です。ただ書き手としてはつねに文章がもたらす効果を頭に入れておくべきでしょう。文末問題とも関係しますから。いきなり文豪レベルの自由闊達さに到達するのは無理というものですが、主体性の調節はひとつのくふうとして覚えておくと役立ちますよ。
ではいよいよ文末の処理法の本格的な実践に移ります。貧素だといわれる日本語の文末にもこれだけの可能性があったのかと知って、少なからず驚かれることでしょう。章を改めます。

第二章　踊る文末

ここまで日本語の文末にどのような問題があるかをざっと調べました。デス・マス調（敬体）とダ・デアル調（常体）が文体の大きな選択であると述べましたが、文筆家の実際の文章を見ると、それが必ずしも律義に守られているわけではない。もっとのびのびしている。こういうことがわかりました。

また過去（完了）を表す「た」についても実地に例を検討しました。「たたたた」にへっちゃらの一流の書き手がいる一方で、「た」にうまく現在形を織り交ぜて効果をあげる作家もいました。かなりの自由度があるのですね。

次に、敬体と常体の混淆《こんこう》のさせ方と、基調の「た」に現在形を割りこませるやり方とには、共通の仕組がはたらいているのではないか、と推測して、「主体性」という考えを導入しました。そして視点や語りの構造などにも探索の糸を垂らしました。

この章では、日本語の弱点である文末に、どれほど豊かな可能性が秘められているかをさらに探ります。それもより実践的に。よく自覚されないままにしておくのはもったいない。

一言でいって、文章のなかに「対話」を採りいれる方法です。モノローグではなくダイアローグ。自分の声に他者の声を重ねる。他者とは読者であったり、もうひとりの自分であったり。問答法や引用のくふうなどが「対話」の目立つ例ですが、前章の「主体性」のテーマがここで変奏されるのをお聴きになるでしょう。あるときは軽やかに、あるときはもっと奔放に。

第一節　キャラ立てをする

役割語とは

まず次の対話の一部を読んでください。あえてすぐには出典を明かさないでおきましょう。推測してほしいからです。どのような人物どうしの対話だと思われますか。

「田原屋が、売り先の控えを取って置いたので助かり申した」
「うむ。しかし問題はこのあとじゃの」
「仰せの通りでござる。〔……〕」

話の内容はこの際どうでもよろしい。表現を手掛かりにして、時代背景と対話者の人物像を想像してもらいたい。「助かり申した」「このあとじゃの」「通りでござる」からわかることは何でしょうか。これは時代小説で、話者はある程度の年配者。「じゃの」の話し手の方が年上で少なくとも初老。両者とも侍か。推測どおりで、これは藤沢周平の短編「泣くな、けい」（『夜の橋』、中公文庫）の一場面。何度読み返しても、けいが大泣きするところでもらい泣きをしてしまいます。

文尾が豊かな情報を担っているのがお判りでしょう。もちろん時代小説を感じさせるのは文尾だけではありません。たとえば「拙者」などは、文中の位置にかかわらず時代物のマーカーになります。

では次の場合はどうでしょうか。時代は現代です。唯野は英文科の教授、蟇目《ひきめ》は仏文科の助手です。

「お女中お女中」唯野が声をかける。「いかが召された」
「はいあの、持病の癪が」
「国文科の学生らしい」唯野は蟇目とうなずきあう。（筒井康隆『文学部唯野教授』、岩波書店）

二人が唯野の研究室の前までやってくると、女子学生がひとり壁の方を向いてしゃがんで文庫本を読んでいた。時代小説ではありませんが、このような文体模写（パスティーシュ）的場面が成り立つのは、「お女中」「いかが召された」「持病の癪（腹痛）」という旧式の用語のせいです。

私たちは脳の中に膨大な量のことばの知識を蓄えています。ちょっとしたアクセントやイントネーションの違いから、その人の性別、出身、社会的地位、そのときの気分などを感知します。語句の選択や文尾のわずかな変異などからも多くのことを嗅ぎとります。母語の知識は広く深い。「ありがとう」ひとつでも、百通りくらいの言い方ができるのではないでしょうか。

やはりことば尻に注意してください。対話者は共通の知り合いに引っ越しの手伝いを頼まれて、いま拭き掃除をおえたところです。二階の窓から外を眺めていて。

「何を見ているんです」

「中《あ》てて御覧なさい」

「鶏《とり》ですか」

「いいえ」

「あの大きな木ですか」

「いいえ」

「じゃ何を見ているんです。僕には分らない」

「私先刻《さっき》からあの白い雲を見ておりますの」（夏目漱石『三四郎』、岩波文庫）

ひとりは三四郎、二三歳の東大生。ではその相手はどんな人物でしょうか。最後の発言から推測できるでしょう。とくに文末の「の」。別の場面では、やはり三四郎を相手に「あの木を知っていらしって」とか「能く覚えていらっしゃる事」とも言います。お嬢様ことばと特徴づけられる言い回しです。デス・マス調との相性もぴったり。名は美禰子《みね》、年齢は三四郎に近いようです。三四郎は淡い恋心を寄せています。

このように文末は、とくに会話で豊かな表情を示します。登場人物像が推測できるほどの用語は役割語と呼んでいいでしょう。そこでクイズ。次の①〜⑤は誰の発言でしょうか。㋐田舎者、㋑（ニセ）中国人、㋒武士、㋓お嬢様、㋔老博士から重複せずに選んでください。

①そうじゃ、わしが知っておる。
②そうじゃ、拙者が存じておる。
③そうだわ、わたくしが知っていてよ。
④そうあるよ、ワタシ知るあるよ。
⑤んだ、おら知ってるだ。（金水敏《きんすいさとし》『ヴァーチャル日本語　役割語の謎』、岩波書店、一部改変）

正解は、①から順に㋔、㋒、㋓、㋑、㋐。たちどころにわかるのがすごいと思いませんか。なにも現実の老博士が①のように話すわけではありません。むしろ①のようなことば遣いの老博士は実際にはいないでしょう。『鉄腕アトム』のお茶の水博士や『ドラゴンボール』の武天老師《むてんろうし》（亀仙人）が①を発するのは、それが博士――博士はたいてい老人――あるいは老人一般のステレオタイプ化された（型にはまった）セリフだからです。

文尾の展開

文尾の役割語に限って、個々の登場人物――動物、ロボット、それに無生物も――の特徴づけに応用できるのがキャラ語尾です。『ドラえもん』にたまに顔を出すスネ夫の母は、「感心ざます」のように「ざます」のキャラ語尾を使います（『おそ松くん』に登場したイヤミもそうでしたね）。このほか文尾に「ワン」を加える犬、「ニャン」をぶらさげる猫、「だってばよ」をつける忍者など、挙げればきりがありません。

それだけ日本語の文末が単調だということです。何とかしてこれを破りたい。でなければキャラが立たない。この強い願望がコミックなどに頻出するキャラ語尾の正体なのです。が、これを一般の文章にもちこむのはすぐにできそうにない……。たとえば「なのにお父さんは急にプリプリ怒りだして、もう帰るぞ、なんて号令をかけるのだった。何が気に入らなかったのだろう、わからんにゃー」（清水義範『大人のための文章教室』、講談社現代新書）のような若い女の子の〈おふざけ甘え書き〉にはおいそれとは近づきたくないでしょう。

ところがです。キャラ語尾をあっさり捨て去るのはもったいない。モノは使いよう。開高健は兄貴分の安岡章太郎たちと、ある新人賞の審査にあたっての帰り道、シャンソン酒場につれだって入ります。酔った勢いで開高は司会に立って、大兄《たいけい》が「本日は特別に入歯でお歌いになります」との一句を挿入してひきさがります——。

大兄はマイクを片手に、悠々と『セ・シ・ボン』をうたいはじめた。入歯で『セ・シ・ボン』をうたうなんて、考えてみれば、なかなかしゃれたもんではござらぬか。

（開高健「歯がゆいような話」『開口閉口』、新潮文庫）

「セ・シ・ボン」は「なかなかいいね」を意味するフランス語です。このような短い引用では効果が伝わりにくいのは承知のうえですが、それを差し引いても最後の「ござらぬか」は、なかなか語勢も強く、酔いの雰囲気もでていいですね。

「ござる」や「ござらぬ」などのキャラ語尾を効果的に使うのは簡単ではないにしても、これまでにも文末のたった一文字で大きな変化をつける手段がありました。同じ著者の文章を引きましょう。疲れたときは新刊書店よりも古本屋に行きたくなるものらしい。

〔……〕ここではベストセラー作家も、派手な新人作家も、どえらい老大家もみなおなじである。無政府主義的なまでのその権威無視が私には愉《たの》しい休息なのである。傷と垢のなかでのびのびできるのである。これが何よりである。友みなの我よりすぐれて見ゆるとき、しかもなぜかしら花を買いきて妻とたのしむ気にもなれないときは、

古本屋がいいですゾ。（「民主主義何デモ暮ショイガヨイ」、同前）

筆力を感じるでしょう。「ゾ」と片かな書きするのも神経をチクと刺激します。また途中の引用に気づかれましたか。これもうまい。技巧のひとつなので、のちほど述べましょう。ここでは次例でその出典を明かしておきます。先にも登場した軽薄気味の唯野教授が親しい同僚の牧口の家を訪ねます。牧口は仏文科の助教授。一年間フランスに留学のはずが、なんと三カ月でこっそり帰国して自宅に隠れている。唯野が善後策を考えるのですが……。

途中から、牧口は聞いていない。うつろな視線を唯野の背後の本棚にさまよわせている。

「おい。どうかしたの」

「友がみな、われよりえらく見ゆる日よ。花を買い来てしたしむ妻もおれにはおらんのだ」

「しっかりしろよ。おい」石川啄木には他に「人並の才に過ぎざるわが友の深き不平もあわれなるかな」という歌がある。しかしそんなことを言ったら大喧嘩だ。「あのねえ、お前の紀要論文読んで感心してる人がよその大学にたくさんいるの。本当だよ。また、ゆっくり教えてやるけど、おれ知ってるの。気休めに言ってるんじゃないからね、これ。絶対によそから引っぱりにくるから、心配ないって。あ、それじゃおれ、これで帰るからね。また来るから。家でじっとしてろよな。気を確かにもってろよな。

な」（筒井康隆『文学部唯野教授』、岩波書店）

引用元がわかったところで、唯野の特徴的な文尾の一つひとつにも注意してください。たいていは終助詞です。文末につく助詞だから終助詞。これを少し調べましょう。なかなか使いごたえがあるものですから。開高の「ゾ」も終助詞ですぞ。

終助詞のお目当て

ここで終助詞の一覧表を掲げて読者に鼻白む思いをさせたくありません。日本語のふつうの能力があるなら、「か、な、ぞ、とも、よ、ね、さ」などの文尾の微妙なニュアンスはわかるはず。ただこれを明確なことばで解説するのはけっこうむずかしいので、文法の専門家に委ねましょう。

たとえばもっとも頻度の高い「ね」と「よ」の使い分けがわからないということはないのでは。

①いい天気ですね。
②いい天気ですよ。

「ね」は、話し手が「いい天気」であることを知っていて、聞き手も知っていると想定し、それを確認するために発します。それが代表的な用法です。「よ」は、話し手は知っているが、聞き手は知らないと推定して、聞き手に注意を向けさせるのが主な狙いです。これを取り違える母語話者はいないでしょう。このように終助詞の一つひとつには目当てとすることが決まっていて、しばしばひとつに複数の用法が認められます。

これを知って次の引用の「ね」と「よ」の使い分けを見定めてください。唯野はまだ牧口の実家にとどまっています。説得をあきらめていません。

「あのさ、こういうのって不自然だと思うわけよ」室内を見まわし、唯野は言った。「こういう隠遁生活あと九カ月続けたら、お前気が変になっちまうよ。いつ帰ってきたのか知らないけど、も早すでに我慢辛抱たまんなくなって渋谷道玄坂の京子ちゃんのマンションへ忍んで行ってるんじゃないの。おれが喋らなくても誰かにはきっと見つかるし、京子ちゃんの線から漏れるってこともあるでしょ。あっ。お前まさか『アルプ』へは行ってないよね。今でもまだあそこへ行くくらいの金しかない助教授だっているんだからさあ」（同前）

京子ちゃんはアルプのホステス。「よ」と「ね」で終わる文のみを抜き出してみましょう。

①こういうのって不自然だと思うわけよ。
②お前気が変になっちまうよ。
③お前まさか『アルプ』へは行ってないよね。

やはり①と②は、唯野が認識していて、牧口がたぶん（しっかりとは）認識していないと唯野が推測することです。注意喚起の働き。おい気をつけろよ、という語勢です。③は、共有知識（であってほしいこと）の確認です（実際は「よ」と「ね」のダブルの終助詞なのでもう少し微妙）。

前ページの例は話しことばですが、エッセイを書く場合にもすぐに使えます。たとえば開高は釣りも一流で、釣りを純然たるスポーツと考えているところもユニークです。釣った魚は、海川を問わずかならず水に返してやるという。

〔……〕釣った魚をどんどん逃してやって頂きたい。手をよく濡らして、魚のヌラが剝《は》げないように気をつけ、エラをおさえないようにして、魚の体力が回復するまで待ってやり、ゆらゆらと閃《ひら》めきつつ蒼暗《そうあん》の深遠へ去っていくその尾を見送ってやって頂きたい。その見返りに日本海や太平洋があなたのものとなるのである。

わかりましたか？

わかりましたね？（開高健「太平洋を自分のものにする方法」『開口閉口』、新潮文庫）

改行して「わかりましたか？／わかりましたね？」は心にくい。「ね」は同意要求の終助詞ですが、読者もすでにわかっているというふりをした高等戦術ですね。

第二節　文法のレトリック

終助詞だけがお宝ではありません。眠った財産がまだまだあるので、揺すって、起こして、働かせるのがこの節の目的です。

五段活用を利用する

文尾を工夫するための簡単な手段が手近にあります。五段活用は学校で習う「書かない、書きます、書く、書くとき、書けば、書け、書こう」と、動詞が「かきくけけこ」とアイウエオの五段にわたって活用する類のことです。「読む」ならば、「読まない（未然）、読みます（連用）、読む（終止）、読むとき（連体）、読めば（仮定）、読め（命令）、読もう（未然）」と活用します。「まみむむめめも」と五段に活用語尾が変化するのがおわかりでしょう。ことばのもつ美しい規則性の現れです。

動詞の活用は五段活用にかぎりませんが、これが文末問題と結びつきます。終止形を見てください。たとえば「書く」「読む」といいきる形。もうピンときましたか。ダ・デアル調なら「る」で終わることが多いですね。推量の「だろう」と否定の「ない」を加えても、バリエーションはすぐに尽きそう。そこで振り返ると「書く」と「読む」の語尾が輝いて見えませんか。

いまは「る」を避けたいのです。五段活用の終止形には、「る」を語尾にとらないものがあります。思いつくままを挙げます。

カ行――解く、行く、泳ぐ
サ行――貸す、話す、訳す
タ行――持つ、打つ、立つ
ナ行――死ぬ（数少ない）
ハ行――呼ぶ、飛ぶ、遊ぶ
マ行――進む、歩む、編む
ラ行――喋る、上がる、帰る
ワ行――思う、笑う、言う

文尾の「る」を避けるならラ行を選ばない。デス・マス調の「す」を重ねたくないならサ行をとばす。ただしあくまで現在形ですよ。過去形だとすべて「た」（または「だ」）になってしまうから。

次の引用は、京都の繁華街である四条通の風景を描いています。文尾に注目して読みましょう。

アーケード街というのは、いわば地下街の延長である。地下街が地上にのさばり出たものである。もぐらが威勢を張って、とうとう地上にも巣をらくらくと設けるようになったのだろう。地下街が不自然で、不衛生で、危険だというのなら、アーケード街もまたおなじように不自然、不衛生、危険な商店街なのだ。京都はこうして醜態の町に変ってゆく。（杉本秀太郎「アーケードと街路樹」『新編洛中生息』、ちくま文庫）

五段活用の大盛りを期待された読者には拍子抜けかもしれませんが、こういうのはちょっと口に含んでこそおいしいものです。でないと何がベースの味なのかわからなくなってしまう。引用の最後のところ「(変って)ゆく」の「く」のような語尾は、貴重なスパイスとしてとっておいてください。気づいたらすぐに。

動詞を鍛える

日本語の動詞はもともと押しが弱い。これは語順と関係します。英語のSVOに対して、日本語はSOV。大きな違いはV(動詞)の位置です。日本語は最後に動詞が来るので、単独では重しがきかないという欠点があります。重みを与えようとすると、音節数を増やすのが一番なのですが、動詞の性質としてそんなに長くもできません。

たとえば次の①と②を比べてみましょう。②は①の翻訳ですが、日本語の特徴はそのまま現れます。

① Many people (S) seek (V) fame and fortune (O).

② 多くの人は(S)名声と富を(O)求めます(V)。

①の英語は目的語(O)が文末にくるのに対して、②の日本語は動詞(V)が末尾を占

めます。英語の文末の目的語は、意味内容を補充して重しづけをしようとすれば、いくらでもできます（修飾語句を加えるなどして）。しかし日本語で同じように目的語（O）を膨らまそうとすれば、主語（S）と動詞（V）の距離がどんどん広がって理解しにくい文章となります。かといって日本語の末尾の動詞（V）を拡充するには、すぐに述べる複合動詞や補助動詞の力を借りても限界があります。そのため日本語の文末は、どうしても力が足りなくなります。

誤解する人がいるかもしれませんが、一般に文頭と文尾ではどちらが重要でしょうか。文頭と思っていませんか。それは間違いです。力点が置かれるのは圧倒的に文末です。そこは文が終わるところですから、もっとも記憶にも残りやすい。最後のパンチのきかせどころです。

たとえば「大きなダイヤを散りばめたゴールドフレームの高級時計が正面のガラスケースに収められていた」を順序を入れ替えて、「正面のガラスケースに収められているのは、大きなダイヤが散りばめられたゴールドフレームの高級時計だった」とするのは、最後の高級時計に焦点を絞って、そこに情報の核を据えるためです。

これに対して、文頭はふつう「…について」の主題を表す位置です。文は何かについて何かを述べるというのが標準的な型で、肯定か否定かの大事な判断も、日本語では文末で決します。「何かを述べる」の中心部分はふつう末尾に集中するでしょう。なのに動詞ひとつではどうも力不足を否めません。井上ひさしも「日本語の動詞は弱い」という。

〔……〕蒲団を風呂敷に包む作業で最大の力業《ちからわざ》は、最後の、風呂敷の四端を結び合せるところにあるにちがいないが、動詞もまた文を完結させ、意味をきちんと荷造りしてやらなければならないのである。だから動詞一個では力が足りぬということも生じる。ましてやよく使われる動詞はその分だけ擦り切れていて、力に乏しい。そこで「光線は流る、やうに射《さ》した」ではどうも不満足で「射し込んだ」とし、「暫くして立つた」ではなく「立上つた」とし、「時雄はそれを出した」ではなく「それを引出した」とするのである。（井上ひさし『自家製 文章読本』、新潮文庫）

たしかに複合動詞という手があります。光が「射す」より「射し込む」、風が「吹く」より「吹き荒れる」という要領です。これなら重みが増しそうですね。井上はここで追究の手を緩めず、さらに動詞を強化する手段として得意のオノマトペに向かいます。たとえば「歩く」を「連れ歩く、跳ね歩く、捜し歩く、買い歩く、出歩く、渡り歩く……」と複合動詞にしてから、さらに「いそいそ、うろうろ、おずおず、ぐんぐん、こそこそ……よろよろ、わらわら」などの擬音・擬態語で補強するというように。

私たちは複合動詞にもう少しとどまりましょう。二種に分けましょう。「吹き荒れる」は「吹く」と「荒れる」の二つの動詞のほぼ対等の結合ですが、「射し込む」は「射す」と「込む」の同じ比重の動詞からなるといえるでしょうか。「射す」が主で「込む」が従ですね。「飛び込む」や「誘い込む」ではまだ空間的イメージが保たれますが、「座り込む」「黙り込む」「ふさぎ込む」などでは、「込む」が補助動詞としての性格を露わにします。

この補助動詞に着目してください。「て」や「で」を伴うものもあり、たとえば「置いておく」「書いてしまう」「飛んでゆく」。これらがしばしば文末の単調を救ってくれます。「思う」を「思い出す」や「思い浮かぶ」や「思い込む」と変化させてみましょう。やはり現在形を意識して。

逆に補助動詞「出す」を一定にして主人の動詞を変化させましょうか（瀬戸賢一『空間のレトリック』、海鳴社、一部改変）。

①《視点が「外」にあると思われる表現》――暴き出す、あぶり〜、洗い〜、映し〜、借り〜、誘い〜、搾り〜、吸い〜、取り〜、抜き〜、引き〜、ひねり〜、掘り〜、見つけ〜、持ち〜、など

②《視点が「内」にあると思われる表現》――いびり〜、生み〜、追い〜、送り〜、押し〜、差し〜、締め〜、叩き〜、突き〜、など

けっこう使い道が広がりそうでしょう。

実例を見ます。木肌の表情を語るみずみずしい文章です。

〔……〕一面の濃みどり浅みどりの中に、赤い幹が太さをみせて、誇るでもなく、ひるむでもなく立っており、雨がこんなにも華やかに活気のあるものと、はじめて知る思いがあった。見ると、素肌のような幹を、透き通った雨水が流れ下りていく。もったいないような美しさだった。〔……〕

この木にはじめて逢ったのは、大井川の寸又峡の奥の山だった。間伐作業があって、ちょうどその木を伐ろうとしていた。ものの芽がようやく動こうとする、春はまだ寒

い季節だった。動力ノコではなく、斧というか、鉞というか、振り上げ振り下して、丁々と伐る。刃の当るたびに、切口から水がはねとぶ。ぱしゃっとはねとぶ。木は季節を誤りなく知っているから、芽はまだほぐれずとも、体内ではもう盛んに水をあげているのだ、と教えられた。（幸田文「木のきもの」『幸田文全集第十九巻』、岩波書店）

第一段落の終わりあたり、「雨水が流れ下りていく」。「て」を介して三つの動詞「流れる」「下る」「いく」がひとかたまりに。第二段落では「水がはねとぶ。ぱしゃっとはねとぶ」。ほぼ同じ力量の動詞「はねる」と「とぶ」が合成されて「はねとぶ」。これを二度繰り返し、間にオノマトペの「ぱしゃっと」を差しはさむ。井上ひさしが言いたかったのは、このような表現の呼吸だったのです。幸田文もオノマトペの達人のひとりです。複合動詞とオノマトペ。やはりわかってたんだ。

止めを生かす

凡人の私は、探って、集めて、見分けて、ことばで説明します。できるだけ一部の文章の達人に技法を独占させないために。次に調べるのは名詞止め。またの名は体言止め。評判はあまりよくありません。ぶっきらぼうだとか品が悪いとかいわれています。しかしこれも使いようです。悪口には耳をかさず、とにかく実例を見ましょう。

生命とは何か。生命をモノとしてみればミクロな部品の集合体にすぎない。しかし、生命を現象として捉えると、それは動的な平衡となる。絶え間なく動き、それでいてバランスを保つもの。動的とは、単に移動のことだけではない。合成と分解、そして内部と外部とのあいだの物質、エネルギー、情報のやりとり。（福岡伸一『動的平衡2』、木楽舎）

福岡の『生物と無生物のあいだ』（講談社現代新書）が評判となったのは、動的平衡という新しい生命観によるところが大でありましたが、文筆家としての腕も確かだったからです。右のコンパクトな文章からもわかるでしょう。「バランスを保つもの」が名詞止め。何のいやみもありませんね。段落の最後の「合成と分解、そして内部と外部とのあいだの物質、エネルギー、情報のやりとり」は名詞句の連打です。凝縮された洗練を感じさせます。

名詞止めが科学の文章にとくにふさわしいということはありません。もとは和歌の第五句を体言で言い切るレトリックだったのですから。新古今和歌集の技法の代表的なものと考えられます。また和歌以外では「春はあけぼの」も体言止めの例でしょう。先に挙げた現象文「あ、雪」もそう。余情が漂います。

名詞止めはそれに続く部分を省略する形なので、さし迫った緊張感を伝えるのにも適しています。志村ふくみの文章を引きましょう。志村は染めと織りの人間国宝です。若いころは生活苦の中で暗中模索して、最後の賭けにでるべく「母のあの秘蔵の桶をあけました」。

すると……白い繭からひいた自然の光沢をもったつむぎ糸がいくらか残っておりました。そして幾巻かの藍、赤など植物染料の染め糸も……。期限もぎりぎり、糸もぎりぎり、自分の気持もぎりぎり。ただただ心に描いたものを真直ぐ表現したいと機に向いました。技術も知らなければ手本もなく、白いつづれのカンバスにわずかな色糸を絵を描くように彩ろうと思いました。あるいはこれで織物を断念しなくてはならなくなると、そんな気持もよぎります。そこへ黒田先生からのおはがき。「破調の美を求めよ」それだけの文面です。私にはどういうことかわかりません。ともかくそれを機の柱にはりつけて織りつつ眺めつつやっているうちに、いつか「破調の美を求める」とのことばが、自然に自分の内部《なか》に融け込んで来たのでしょう。織り進んでゆく間に、前とは全然違ったものを、次の所で織ってしまっているのです。（志村ふくみ「糸の音色《ねいろ》を求めて」『一色一生』、講談社文芸文庫）

「ぎりぎり」の三連続。そこへ恩師からの寸鉄のような「おはがき」。崖っぷちに立つ身に緩慢なことばは似合いません。苦闘の結果、作品は展覧会で入選しました。一条の光が射した瞬間です。

名詞止めと並んで、形容詞止めと副詞止めも見てください。気をつければいくらでも目につきます。一例ずつ、まず形容詞止めから。形容詞の語末は「い」または「な」が多い。九〇歳をこえた作家の体はガタがきているのに、次例で元気なばあさんだと誤解されるのはなぜでしょうか。

というのも声が大きいためであることに気がついて、なるべく弱々しく応答することにしたのだが、それでもしつこくいい募る人がいて、ああいえばこう、こういえばああ、と攻防戦をくりひろげるうちに、だんだん地声が出てきて、ついには凛々《りんりん》たる大声になり、

「お元気じゃないですか！　普通の方より声に力がありますよ」

いわれてあっと気がつく。慌てて小声にしても時すでに遅し。（佐藤愛子『九十歳。何がめでたい』、小学館）

最後の「遅し」がポイントですが、タイトルそのものが名詞止めと形容詞止めの合わせ技。ここからしてすごい。

もうひとつ、副詞止めも見ましょう。ここではのちの話との関連——倒置法——で、芥川の「鼻」の一節を引きます。善智内供《ぜんちないぐ》という坊主はあごの下まで垂れ下がる鼻を笑いものにされていました。悩んだ末、荒療治で鼻はいったん短くなったのですが、いっそうひとに笑われるようになり、日ごとに不機嫌がつのりました。ところがある朝、めざめるともとの長い鼻にもどっています。

——こうなれば、もう誰も哂うものはないにちがいない。
内供は心の中でこう自分に囁《ささや》いた。長い鼻をあけ方の秋風にぶらつかせながら。
（芥川龍之介「鼻」『羅生門・鼻』、新潮文庫）

名作「鼻」は「長い鼻をあけ方の秋風にぶらつかせながら」で幕を閉じます。これを副詞止めの例とするかどうかは議論のあるところですが、「囁いた」にかかる副詞節だとの判断にはおそらく同意してもらえるでしょう。しかしそんな呼称のことなんか、どちらでもよろしい。いま大事なのは、その文が「ら」で終わっていること。ここでは「……ながら」の文が、小説の締めくくりとして相応の重みをもつことを確認しましょう。知っておいて損はしませんよ、きっと。続きはまたあとで。

否定の出番ですよ

ある雑誌を読んでいると「…はつまらない。」が目にとまりました。形容詞止めの例ですが、おやっと思ったのは「ない」の方です。「行かない」の肯定形は「行く」、「書かない」なら「書く」、「安くない」には「安い」が応じますが、「つまらない」の肯定形は？

郵便はがき

料金受取人払郵便

神田局承認

6391

差出有効期間
2021年4月
5日まで
(切手不要)

101-8051

050

神田郵便局郵便
私書箱4号
集英社
愛読者カード係行

『集英社インターナショナル』
新書編集部用

お住まいの 都道府県	年齢　　歳 □男　□女

ご職業
1.学生［中学・高校・大学(院)］ 2.会社員 3.フリーター 4.公務員 5.教師
6.自営業 7.自由業 8.主婦 9.無職 10.その他（　　　）

●お買い上げ書店名

インターナショナル新書 愛読者カード

インターナショナル新書をご購読いただきありがとうございます。今後の出版企画の参考資料にさせていただきますので、下記にご記入ください。それ以外の目的で利用することはありません。

◆お買い求めの新書のタイトルをお書きください。

タイトル（　　　　　　　　　　　　　　　　　　　　　　　　）

◆この新書を何でお知りになりましたか？
①新聞広告（　　　　新聞）　②雑誌広告（雑誌名　　　　　　）　③書店で見て
④人（　　　　　）にすすめられて　⑤書評を見て（媒体名　　　　　　　　）
⑥挟み込みチラシを見て　⑦集英社インターナショナルのホームページで
⑧ＳＮＳで　⑨その他（　　　　　　　　　　　　　　　　　　　　　）

◆この新書の購入動機をお教えください。
①著者のファンだから　②書名に惹かれたから　③内容が面白そうだから
④まえがき（あとがき）を読んで面白そうだから　⑤帯の文に惹かれたから
⑥人にすすめられたから　⑦学習や仕事で必要だから
⑧その他（　　　　　　　　　　　　　　　　　　　　　　　　　　）

◆この新書を読んだご感想をお書きください。

＊ご感想を広告等に掲載してもよろしいでしょうか？
①掲載してもよい　②掲載しては困る

◆今後、お読みになりたい著者・テーマは？

◆最近、お読みになられて面白かった新書をお教えください。

「つまらない」は形容詞なので、動詞である「つまる」や「つめる」とは品詞が異なります。そもそも「つまらない」を「詰まらない」と理解する人はいまどれだけいるでしょうか。中身が詰まってないから「つまらない」、と。要するに空っぽ。探せば「大人げない」「仕方がない」「ぎこちない」など、いくつも似た例が見つかります。

しかし、一般に否定は肯定の裏返しです。「おもしろくない」は「おもしろい」の否定であり、おもしろいことが予想される、期待される、前提とされるような状況で発する表現でしょう。いきなり「おもしろくない」では驚きます。注目してほしいのは、やはり文末。「…と考える」に対して「…と考えない」は、「る」ではなく「い」で終わるのです。これを活用しない手はない。

まず否定にはどのような形があるでしょうか。まっさきに「ない」は何にでもつく万能選手です。とてもたのもしい。といってもダ・デアル調での使用が基本で、デス・マス調なら「ません」で「ん」でふつう終わります。否定なら「ない」の「い」と「ません」の「ん」で変化をつけてください。実例を引用するほどのことはないので形のみを示しましょう。

「ない」の例としては、「…て（い）ない」「…（の）で（は）ない」「…じゃない」「…こともない」「…しくない」など。「ません」の方は「…しません」「…（では）ありません」など、変化形といえるほどのものはあまりありません。

終助詞をつけ加えると「…ではないか」「…かもしれないな」「…はない（わ）ね」や「…ませんか」「…ませんよ」などの多様なバリエーションができます。

否定にはまた「本はすべて読んでない」の全部否定と「本はすべて読んだわけではない」のような部分否定があります。さらに「毎年舞台に立ちます」を「舞台に立たない年はない」のように表現することもできます。いわゆる二重否定です。「…以外の何物でもない」「…になる以外に道はない」「考えたくないが否定はできない」「…としか言いようがない」などにも二重否定が生きています。「…にちがいない」「…にちがいありません」もこの仲間に入れておきましょう。

「ない」と「ません」以外に「ぬ」があります。少し古風に響きますが、「知らぬ」「構わぬ」「ままならぬ」など、たまには使ってみたくなりませんか。名作の冒頭を引きましょう。


メロスは激怒した。必ず、かの邪智暴虐《じゃちぼうぎゃく》の王を除かなければならぬと決意した。

メロスには政治がわからぬ。メロスは、村の牧人である。笛を吹き、羊と遊んで暮して来た。けれども邪悪に対しては、人一倍に敏感であった。（太宰治「走れメロス」『走れメロス』、新潮文庫）

「ぬ」の活用形の「ず」も文末に応用できます。「怖いもの知らず」のように。表現として慣用化したものには「悪銭身につかず」「いざ知らず」「一糸乱れず」「悪しからず」などいくつもあります。

第三節　表現のレトリック

書くことは対話することです。話すことがそうであるように。これはことばの本質に根ざします。書こうが話そうが、伝達は受け手がいることを前提とし、ときに自分自身のみが受け手であってもかまいません。この節では、文章の中に対話的要素を取り込む手段を探ります。範囲は文末から文全体に広がります。聞き手＝読者を表現のなかに取りこむ点でレトリカルなくふうの中心だと思ってください。

問答法1——著者が聞いて著者が答える

書くときには、理想的読者を頭に浮かべるのがいいでしょう。いま誰に向かって書いているのか。理想的とは、現実にぴったりの読者がいなくても、書き手が狙いを定める読者のことです。読者の経験値（知識量や向学心など）の予測に応じて書き方を変えなければなりません。いつも同じ調子ではいけないということです。またこの読者は飽きっぽい性格だと考えましょう。つねに気配りしないと、すぐにそっぽを向いてしまう。そこで問答法1の登場です。

これはじかに読者に問いかけます。疑問文の末尾は「か」であることが多いので、文末の単調さを避ける一助になるのはもちろん、問いかけは、ほとんど自動的に読者の反応を引き起こします。ポカッとやられたら「痛ッ」と発するでしょう。電話の呼び出しには「もしもし」と応えますね。あれと同じ、刺激反応です。「か」と問われれば、脳神経のどこかがパッと小さくスパークします。一方的なおしゃべりでは感覚が鈍磨《どんま》して眠気を誘うので、問いを挿んでチクと刺す要領です。

「父」という言葉の意味をたずねられたら、人はどう答えるだろうか。たいていは

「男の親」といった説明をするだろう。何人かは「ほら『パパ』のことよ」と簡単に片付けるかもしれない。よほど窮すれば「長島一茂の父が長島茂雄だ」と例をあげてみせるかもしれない。最初のものは記述的定義であり、二番目は同義語であり、最後のは用例である。辞書が採用している説明法もまたこの三つである。（尼ヶ崎彬『ことばと身体』、勁草書房）

問答法1は、著者が読者に問い、著者がそれに答える型です。疑似的な対話の基本パターンです。文章上の技法のひとつであって、もちろんこれなしでも話は進められますが、これはいわばことばのキャッチボール。読者はたんなる受身的な立場で話を聞くのではなく、議論に加わる雰囲気を味わいたい。これを著者が演出するのです。

疑問文の作り方をいちおう述べておきます。なにをいまさら、と言わないでください。そうなのか、と思うこともありますから。文尾は「か」「だろう」「の」が代表です。右の引用を利用させてもらうと――

①人はどう答えるか。

②人はどう答えるだろう。
③人はどう答えるの。

①は文体に応じて「人はどう答えるのか」「人はどう答えますか」などと変化します。引用例の「人はどう答えるだろうか」は、「人はどう答えるでしょうか」とも表現できます。②は「だろう」（または「でしょう」）だけで疑問の形となり、「か」を伴いません。もちろん「だろうか」「でしょうか」も使えますが、「か」なしでも成立する点を確認してください。③に進む前に、次の二文を比較しましょう。

④この点は日本語の語順と関係するのでしょうか。
⑤この点は日本語の語順と関係するのでしょう。

④と⑤は文末の「か」のあるなしだけの違いですが、意味がまったく異なります――イントネーションを無視すれば。④は疑問文ですが、⑤は平叙文です。②では文末に「か」はあってもなくても大差ありませんでした。ところが④と⑤は大違い。ことばの繊細さは

このようなところにも表れます。いつ、どこで、誰が、何を、どのように、なぜ、のような疑問詞を伴う疑問文は、「だろう」「でしょう」だけで疑問の意味を伝えます。前ページで述べたように、さらに「か」を加えてもかまいません。②は「どう」（＝どのように）の疑問詞が入っています。

あとまわしにした③の「の」にも触れておきましょう。金田一春彦がおもしろいことを言っています。

近ごろマンガなどに、男性が同僚の女性に対して「そうなのよ」とか「行かないの」とかデス体ともつかず、ダ体にもなり切らない、ちょうど女性のような言葉を使うのがあって、あまり好評ではないが、しかしあれは、デス・マス体ではないが、やわらかい印象を与える女性言葉の長所をとり入れようとしている男性のあがきかもしれない。（金田一春彦『日本語　新版（上）』、岩波新書）

男性が使う「の」についてのいい証言となるでしょう。ことばはどんどん変わっていくのです。この本が出版されたのは一九八八年。そのころは「男性のあがき」とも感じられていたのが、いまでは多くの男性も違和感なしに「の」を用いるでしょう。「の」の疑問文はふつう上昇調のイントネーションで「まだ帰らないの?」のように尋ねます。疑問詞を伴えば「何時ごろ着くの」「誰に聞いたの」、と上昇調のイントネーションでなくてもかまいません。

問答法2――自問自答

自問自答のケースです。問答法1も結局は自問自答といえばそうですが、タテマエとしていちおう読者に尋ねるポーズをとります。読者の反応を気にかける姿勢といえばいいのでしょうか。これに対して問答法2は最初から自分に問う。何のためでしょう。おもに文章に弾みをつけるためです。メリハリをつけるといってもかまいません。

> 衛星放送に出ることをあれほど躊躇した私が、わずか一年足らずのキャスター経験にもかかわらず、地上波の番組でも通用するなどと、なぜ思ったのだろうか。キャスターという仕事を甘く考えていたとしか思えない。(国谷裕子『キャスターという仕事』、岩波新書)

ＮＨＫの〈クローズアップ現代〉は二三年の間に三七八四本製作されました。驚異的なロングランです。国谷はそのキャスターを務めました。右の引用はそのきっかけの時期のことです。「…などと、なぜ思ったのだろうか」は、読者に問いかけたものではありません。自分に問いかけて、自分で答えます。問いは答えを導くための呼び水にすぎません。「…などと思ったのは、キャスターという仕事を甘く考えていたからにほかならない」とも表現できたでしょうが、平板な文章運びになることを避けられません。「か」による問いはいわば小さな楔であり、これをひとつぽんと打ち込んで文章にリズムを与えます。

問答法3――読者が聞いて著者が答える

三つ目はちょっと風変わりです。問答法1は、著者が読者に問いかけるふりをして著者が答えるものでした。いわば自作自演。問答法2は、著者が自らに問うて自らが答えるという自問自答でした。問答法3は、読者が著者に問いかけて著者が答えるという型です。ちょっと待った。そんなことできますか、と言いたくなりますね。あらかじめ用意された読者からの質問に著者が答えるような場合を除いての話ですが。

はい、できます。もう一段演出のレベルを上げましょう。やはり対話を演じるのです。文章の進行に合わせて、読者からの問いかけを著者が想定して、それを文字に起こしてしまう。そしてそれに答える。問答法2が自問自答なら、こちらはいわば他問自答。さっそく例を見ましょう。

著者は長いあいだ国語辞典の編集に携わってきた人です。辞書に関わるには――私もフィールド（英和辞典）は異なりますがその端くれです――つねにことばのいまある姿に注視しなければなりません。新しい小説などから新しいことば遣いを探るのです。

これから、現代小説の中へ、ことば探しの旅に出かけましょう。

「小説の中へことば探し？　どういうこと？」という声も聞こえてきそうです。「小説というのは物語を楽しむものでしょう。小説のことば尻なんか捉えてどうするんですか」

なるほど、普通はそうかもしれません。小説の読者は、物語の状況がどう展開するか、登場人物の運命がどうなるか、ということに興味を持って読み進めます。

ところが、たまに――というのは私のように、物語の筋（プロット）も楽しむけれ

ども、そこで語られたことばも楽しむ、という読者がいるのです。（飯間浩明『小説の言葉尻をとらえてみた』、光文社新書）

読者からの質問（を装った部分）はかっこの中に入れていますね。入れなくてもけっこうです。問いに対する答えの冒頭の「なるほど」もすこぶる対話的な表現です。

この種の対話は少し気をつけているとあちこちで見つかりますので、ここではやや極端な、滑稽なものをお目にかけましょう。筒井康隆が短編小説の作法について語ります。私は大いに愉しめたのですが、なにしろ著者が著者ですから、イライラする読者がいないともかぎりません。最後の章の冒頭で——。

なんだ。ドタバタがひとつもなかったな。

そんなことをお思いの読者がおられるかもしれない。

筒井康隆の短篇小説講義とあるからには、お前が書いているようなスラップスティックの書き方も講義しているのかと思って読んできたのだぞ。おれは何もご大層な新しい文学など書こうとしているのではない。お前の書いているようなドタバタを書いて小説雑誌の売れっ子になり、人気作家になれたらそれでいいんだ。ひとつスラップスティックの名作をとりあげて、講義してもらいたい。

なるほど。なるほど。そういう人がいても不思議ではない。おれの名前でスラップスティックを連想する人は多い筈だ。そういう人たちの期待にも応えなければならないだろうな。（筒井康隆『短篇小説講義』、岩波新書）

段落ごとに、読者、著者、読者、著者のセリフです。こう述べて最終章に入り、読者の期待にみごとに応えます。どうですか。なかなかの手際ではありませんか。（なお、ここにも「なるほど」――しかも二回連続――があり、気になりますね……）

問答法4――修辞疑問

これが最後ですが、問答法4は、修辞疑問（レトリカル・クエスチョン）です。前項の最後あたりの一文「なかなかの手際ではありませんか」がその例で、形は疑問――「か」を伴う――ですが、伝える内容はほぼ平叙文です。「なかなかの手際で（ありま）す」に近い。

次に引くのは、漢字の字源——語源ではない——研究の大先達である白川静の格調高い一節です。

『万葉集』は今から千三百年近くも前、わが国の黎明期に生まれた歌集である。上は天皇よりはじめて、防人・東人に至るまで、有名無名の作者による作歌四千五百首を擁する大歌集である。民族の黎明期に、このような国民的歌集をなしえた民族は、他にその例がない。また紀元一〇〇〇年期の前後に『源氏物語』のような完成度の高い小説を、どの民族がもちえていたであろうか。六百年も前に成立した能・狂言は、今もそのままの形態を以て上演され、土曜・日曜などの休日には、全国の能舞台で上演され、その観賞者が堂に満つるというような国が、どこにあろうか。（白川静「東洋の回復を思う」『桂東雑記Ⅱ』、平凡社）

これらからもわかるように、修辞疑問は肯定と否定がひっくり返る。「どの民族がもちえていたであろうか」は「どの民族ももちえなかった」の否定文と対応し、「どこにあろうか」は「どこにもない」という形のやはり否定文に意味的に帰着します。他方、私の

「なかなかの手際ではありませんか」は、142ページに示したように肯定的に解釈されます。いずれもやや強意の意味を含むでしょう。

修辞疑問は日常的にも多用されます。次のエッセイには向田邦子の知人の「彼女」が登場しますが、何ごとも能率効率の人で、考え方もスパッと割りきる性格のようです。

例えば、もめごとを起している夫婦がいます。この人は、すぐ、

「別れるべきよ。別れて新しい人生を踏み出しなさい」

と断言します。

私は、理屈はそうだけれど、人間なんてそう簡単に割り切れるものではない。のたうち廻りながらでも、もうすこし考えてみたら、という意見で、いつもぶつかります。

彼女は私の書くものに対して、「ハッキリしない」といい、私は、彼女の生き方に、「正しいけれど味わいが乏しいのではないか」と思ってしまいます。

お茶を二時間習い、時計が三時になったから、すぐショパンが弾けるものでしょうか。私は非能率的といわれても、お茶を習った日はお茶だけにして、夜までその気分を大切にしたいと思う「たち」なのです。（向田邦子「時計なんか恐くない」『夜中の薔薇』、

講談社文庫）

「正しいけれど味わいが乏しいのではないか」は事実上「…が乏しい」と判断しているのです。「と思ってしまいます」が続くのですから。また「すぐショパンが弾けるものでしょうか」も修辞疑問です。伝えたいのは否定的意味ですね。

なお疑問文には、「AかBか」の形や「Aかどうか」の形もあるので、必要に応じて活用しましょう。

小さなまとめ

少し入り組んできましたし、問答法は文章の展開のうえで重要ですから、要点を整理しましょう。次のページの表をご覧ください。

表の最後に加えた「その他」の選択疑問も、ひとつ例を挙げましょう。ただしちょっと微妙な例です。形は選択疑問ですが、かなり修辞疑問の用法と重なっています。

〔……〕大衆作家としてのディケンズは、〔……〕物語の細部にいたるまで、デカダ

問答法	代表的文末	特徴づけ	考察
問答法1	…か …だろう(か) …の	自作自演	「…だろう」は「いつ」「どこで」などの疑問詞を伴うとき、「か」の付加は選択的。
問答法2	…か …だろう(か) …の	自問自答	文章の運びにメリハリをつけてリズムを与える。
問答法3	…か …だろう(か) …の (疑問形以外も可)	他問自答	読者からの質問・反応を取り込んでそれに応える形で文章を展開する。疑問の形でないこともある。
問答法4	…ではないか …だろうか	修辞疑問	否定疑問の形で肯定の意味、肯定疑問の形で否定の意味を伝える。強意的。
その他	AかBか Aかどうか	選択疑問	選択肢を示す疑問文。

ンスと思えるほどの辻褄あわせをした作家であった。結果として会話の端ばしまでが伏線であったということになり、読者を感心させ喜ばせたのだったが、はたしてこれがほんとうに緻密な計算だけによるものであったのかどうか。(筒井康隆『短篇小説講義』、岩波新書)

「…であったのかどうか」は、「…であったのかどうかかなり疑わしい」というぐらいの意味でしょう。この選択疑問も含めて、問答法は起伏に富んだ文章展開に資するところ大なので、少し意識的に活用してみてはいかがでしょうか。

感嘆と祈願

問答法を見た流れで、感嘆と祈願の表現にも触れましょう。やはり文末に変化をもたらす効果があります。まず感嘆文から。

親が子と一緒に月を見る。北斗七星を見る。梅の花や沈丁花の香りをたのしむ。蜩《ひぐらし》の声を聞く。そういう時間は、むだといえばむだかもしれない。が、むだであるに

しても、なんと「貴いむだ」だろうか。（辰濃和男『ぼんやりの時間』、岩波新書）

ぼんやり自然と親しむことの大切さを説くなかで、最後の「なんと…だろうか」が感嘆の言い回しです。「なんて…だろう」の形でもかまいません。この引用では短い文の連なりにも注目してほしい。「見る」「たのしむ」「聞く」、と文尾が変化に富みますね。これらの短文を次に「そういう時間」で束ねます。これもレトリックの技法のひとつ——集括法——です。

これを、たとえば「親が子と一緒に月を見たり、北斗七星を見たり、梅の花や沈丁花の香りをたのしんだり、蜩の声を聞いたりする時間は……」に書き換えた場合と比べてください。原文のもつ個々の情景の明瞭な輪郭が失われてしまうでしょう。文末変化も、場面をくっきりと切りとるのに貢献するのです。最後に感嘆の「か」で締めくくられます。

次に祈願文もひとつ。現代のヘレン・ケラーと呼んでいい東大教授の福島智に密着取材し、インタビューと資料などで構成された渾身のドキュメンタリー——、その「あとがき」の一節です。

ここまできて、著者は生井久美子になっていますが、私「も」、本づくりの一員に加えてもらったというのが、ありのままの気持ちです。何か大きな力に導かれていま、ここにいる、そんな思いです。

この本が、一人でも多くの人の心に届きますように。そして、一人でも多くの人が、生まれてきてよかったと思えるこの世になりますように。一冊の本が何かのお役に立てれば、幸せです。（生井久美子『ゆびさきの宇宙　福島智・盲ろうを生きて』、岩波現代文庫）

「…（ます）ように」が祈りの形です。書名の一部「ゆびさき」は、指点字《ゆびてんじ》――手を重ねあって指先でことばを伝えること――などの手段で人と会話することを象徴します。一読して私も心の歯車がカチッと動きました。

読み手を名指す

よりダイレクトに読者をテキストに引き入れる手段があります。テレビショッピングなどの「ちょっとそこのあなた」と注意を引く方法と一脈通じるかもしれません。思わず反応するでしょう。これを利用します。もっとも単純なのは「あなた」そのものを文中に用いることです。
先にぼんやりする時間の大切さに触れました。次の引用はその文脈で読んでください。

そういう時間の総体は、決してむだなものではなく、あなたに、貴重な生きる糧を贈ってくれることだろう。私はもっともらしいことを教える立場にはなく、迷いや悔いや失敗や愚行のきわめて多い人間だが、自分自身を省みて、多少、よかったなと思えるのは、ぼんやりする時間をたのしむ習性をもちつづけたことだろう。（辰濃和男『ぼんやりの時間』、岩波新書）

読者の一人ひとりにとって「あなた」は読者自身です。まるで著者と読者との密かな一対一の対話が成立しているかのよう。この節の冒頭で述べたように、書くことは対話することなので、対話の相手の「あなた」が文中に現れたとしても何ら不思議はありません。
これを逆から考えるとどうなるでしょうか。書き手は、つねに理想とする読者を頭に浮かべつつ、あなたと対話しながら書き進めます。ポップスになぜあんなに「あなた」や「きみ」が登場するのかを考えてみてください。ヒット曲を口ずさむのは、しばしば「あなた」と「私」（＝聴き手）が渾然一体となるからです。

福島智は、「指点字によって真っ暗の真空状態から救われたときの感動」を詩にしました。

指先の宇宙

ぼくが光と音を失ったとき
そこにはことばがなかった
そして世界がなかった

ぼくは闇と静寂の中でただ一人
ことばをなくして座っていた

ぼくの指にきみの指がふれたとき
そこにことばが生まれた

ことばは光を放ちメロディを呼び戻した

ぼくが指先を通してきみとコミュニケートするとき
そこに新たな宇宙が生まれ
ぼくは再び世界を発見した

コミュニケーションはぼくの命
ぼくの命はいつもことばとともにある
指先の宇宙で紡ぎ出されたことばとともに
（福島智『ぼくの命は言葉とともにある』、致知出版社）

ここに「きみ」が書き込まれています。
もう一例――今度は散文――を追加しましょう。

宿題がどっさりあるとき、ふうとため息をついて、「山のような宿題」とか、「宿題の山」ということがあるでしょう。このとき、あなたはすでにレトリックの世界に入り込んでいるのです。山は文字どおりの山ではありません。比喩《ひゆ》的な山だからです。

（瀬戸賢一『日本語のレトリック』、岩波ジュニア新書）

久しぶりに自著を読み返してみて「あなた」が使われているのに驚きました。右の引用は小著の冒頭部分です。当時を思い出してみると、若い読者を念頭において、できるだけ親しみやすく、語りかける調子で、やさしいことばを選んで文を連ねました。若者が読む気まんまんで待ち構えているとは、とても思えなかったからです。比喩のもつ深い意味をわかってもらうために、具体例として宿題、比喩は山、これなら何とか理解してもらえるだろう。そして「あなた」に訴えよう、と。出だしは何度も書き直したのを覚えています。

「あなた」以外で名指す

読者を名指すには、「あなた」「きみ」（およびその仲間）以外にもいくつかあります。近しいものなら「私」を複数形にして、実質的に読み手を取り込むやり方です。広告について何か一言しゃべらせるなら、まずこの人、天野祐吉。今世紀の初頭にこう述べています。

世紀の変わり目に、いま、ぼくらは立っています。

と言っても、二〇〇〇年の大晦日と二〇〇一年の元日とのあいだに、とくに高い壁や深い溝があるわけじゃない。昨日から今日へ、時間はいつもと同じようにだらだら流れているだけで、身も蓋もなく言ってしまえば、ぼくらはノッペラボーな時間と空間のなかに生きているんですね。でも、どうもそれでは、生きているという実感が持てない。で、山あり谷あり、人間はフィクションのデコボコをいろいろつくり出して生きてきたわけで、世紀の変わり目というのも、そんなデコボコの一つだと言っていいでしょう。（天野祐吉『広告論講義』、岩波書店）

「ぼくら」が二度出てきます。「私」の複数形のひとつで、「僕たち」「わたしら」「私たち」なども あります。「我々」「われわれ」「我ら」も同類ですが、少し響きが硬いので、かっちりした文章に似合うでしょう。例はいくらでもあります。

右の引用をもう一度読んでください。最後のあたり、「人間はフィクションのデコボコをいろいろつくり出して生きてきたわけで」の「人間」は、文脈上「ぼくら」であってもよかったでしょう。ただ「ぼくら」の三連続はちょっと耐えがたい。そこで「人間」に置き換えました。このような代名詞的な用法にもこっそり「あなた」が隠れています。おわかりになりましたか。

「人間」を「人」に変えるのもあります。たとえば「…と思う人は」「そういう人は試しに…」「首をかしげる人がきっと」「…しようとするくらいの人なら」「そういう疑問をお持ちの人も」「反発する人は」のようにふくらませて書いて、なおかつ読者も引き連れることができる便利な用法です。

「人」——それに「者」——のようにそこまで一般化させずに、もう少し「あなた」寄りでいようとするなら、「…をご覧になったかたもおられよう」「おおげさな、とおっしゃる向きは、一度やってごらんなさいな」などに現れる「かた」と「向き」はいかがですか。いずれも「あなた」に近い意味ですが、直接性を避けて方向指示だけで対話の相手（読者）を表すのがおもしろいですね。そういえば、「あなた」そのものもそのたぐいでした。「山の彼方《あなた》の空遠く」の彼方は「あちら」の意味です。「彼方」から「あの方」（第三者、三人称）、そして目の前の「あなた」に意味が変化しました。

意外に思われた読者もおられたかもしれません。いや、そんなことは先刻承知だとおっしゃる読者もおられるでしょう。このような表現に現れる「読者」も、読み手を名指して文章に対話の雰囲気を醸しだす手段になると考えてください。少し背筋を伸ばすなら、「読者諸氏」「読者諸賢」などもどうぞ。アットホームな感じを出すなら「みなさん」「みんな」「誰でも」などが用意されています。

もっと対話を——「そう」と「いや」

本を読んでいると、自分でもたまに使っているなと気づく不思議な言い回しに出会うことがあります。相槌のような「そう」がそのひとつ。これはいったい何なのだろう。日ごろ注意しているわけではないので、資料も乏しいですが、人が素通りするところに少し立ち止まりたい。

これは余談ですが、技術文明の成果は、人間がつくり出したものの高さで測ることができるんじゃないかと、ぼくは思っています。つまり、技術の成果というものは、知識の蓄積によって、上へ上へと積み上げられていく。で、一八八九年に、それは、エッフェル塔の高さ（三二〇メートル）にまで達した。そして、それから一〇〇年もたたないうちに、とうとうその高さは、月にまで到達する。そう、知識と技術の蓄積は、ついに月にかけるハシゴまでつくり出したというわけです。（天野祐吉、同前）

「そう」はやはり相槌でしょう。では何に対する？　その直前に読者が発したであろう感想、たとえば「へぇー、一〇〇年足らずで月までか……」とか「なるほど」など。この一瞬の間。これにすかさず反応する。著者は読者と暗黙の対話をしているのです。傍から見ると、まるで一人芝居をやっているみたいですね。書き手は、しばしば読み手との掛け合いをバネにして先に進みます。

もうひとつ例を挙げましょう。著者は若者に宇宙の話をします。時間と空間は、まったく別の次元のものではなく、密接につながっている――。少しむずかしそうなのでくふうがいります。

〔……〕しかしね、ちょっと考えてほしい。もし「あなたのお家、駅から遠い？」って聞かれたらなんて答える？　おそらく「そうね、歩いて10分くらい。車だったら2、3分てとこかしら。」って答えるだろう。そう、これは駅から家までの距離《きより》という〝空間的なへだたり〳を〳時間という尺度〳で計ってしまったんだね。それから、その逆もある。（佐治晴夫『14歳のための宇宙授業』、春秋社）

先に述べた問答法1のバリエーションが使われています。書き手が質問して読み手が答える、というふりをするもの。そのふりをもう少し続けて、仮想上の読者の答えに対して、著者が「そう」と応答するのです。ずいぶん対話的ですね。

この引用には読者とのやりとりの装いがほかにもいくつかあります。順に見ましょう。まず「しかしね」の「ね」。「ちょっと」は、ここでは親密度を増す用法でしょう。「考えてほしい」の「ほしい」は読み手への働き掛け。次の直接話法のなかもすべて口語的なことば遣い。「って聞かれたらなんて答える？」も一貫して日常会話的……。若い読者との対話を心がけた文章が続きます。おまけに文末は楽しげに踊っています。

さらに「いや」を見ます。細かな分析はやめにして――否定とは何かを正面から考えれば前に進まなくなる――基本の確認に限定しましょう。おなじみの筒井康隆に登場してもらいます。

〔……〕この作家たちのこうした姿勢やその結果にだけは学んだ方がいい。いや。学ぶべきはまさにそこなのだ。（筒井康隆『短篇小説講義』、岩波新書）

「学んだ方がいい」では手ぬるい。それを否定して、その勢いを「学ぶべき」にかぶせます。要は「AではなくB」の形なのですが、すぐにBと言わずに、Aを否定しておいてからBを強く浮かび上がらせます。「いや」に対話を演じさせるのです。

類例を見ます。

〔……〕同じ資本主義と言っても、いろいろな形があり、変遷があるのは私たちが見てきた通りです。いや、そんな名が付けられる以前から、似たような営みを人類はやってきたのかもしれないのです。（筑紫哲也『スローライフ』、岩波新書）

対話の手段なんて、考えればいくらでもありそうです。あれも対話、これも対話……と数えていけば、この先どうなるのでしょうか。

（ちょっと一息入れてください）。

読者めあて

さて、読者との対話を文章にどう取り込むかを考えてきました。実は問答法はその最強のアイテムです。直接読み手に問いかける（ふりをする）のですから。対話の模範例といっていいでしょう。

では、問答法以外にも読者への働きかけはあるでしょうか。資料を求めるなら、ジャンル的には広告が一番です。広告の基本スタンスは次のようです。

　他人相手の広告のいちばん大きな特徴は、相手の顔をしっかり見すえて語りかけることである。対面して対話する。つまりそこにいるのは、情報というボールをはさんでいる、ピッチャーとキャッチャーの二人である。ピッチャーはキャッチャーをしっかり見て、モーションを起こす。それからアクションにはいり、キャッチャーの顔を見つめてボールを投げる。（岸井保『直撃する広告』、電通）

ことばのボールは受け取ってもらわなければなりません。だから相手の顔を見ながら話をするのは当然です。コピーの一字一字は、ターゲットの心をつかむために身を削ったものです。キラキラことばからマットな色調のものまで多種多様ですが、商品が売れてなんぼの世界ですから、読者・視聴者への働きかけの例はいくらでも見つかります。むしろそれがない広告コピーはないでしょう。直接的な熱いアピールと間接的なクールな殺し文句を隔てる皮膜にこそ商品の命運がかかるのです。

そこでこれぞという実例をダーッと並べてもいいのですが、それはやめます。やはり特殊な、というより過剰な、手練手管の世界だからです。私たちはもっと一般的な文章の中にときどき読み手に働きかけるセリフを挿み込むという程度を基本としましょう。たとえば次のようなものです。

　広告の歴史に即して、考えてみましょうか。広告の歴史は、まず、宗教広告からはじまったとぼくは考えていますが、広告マンのご先祖さんである古代の呪術師は、目に見えない世界と目に見える世界の通路に自分がなることで、人びとに安心や希望や、ときに恐怖のイメージを売ってきた。（天野祐吉『広告論講義』、岩波書店）

きわめて穏やかな例です。「考えてみましょうか」は読み手への誘いかけです。先の問いかけの「か」とは区別してください。「考えます」「考えてみます」と「考えてみましょう」を比べると明らかなように、「みましょう」は読者を巻き込みます。これは、繰り返し述べるようにふりです。舞台演出です。読者は手を差し伸べられるのですから、悪い気はしません。引用は「みましょうか」と、「か」を伴うので、響きはより柔らかになります。たんなる「…ましょう」ならいくらでも例は見つかります。

さらに一歩進めて、読者に対する書き手の願望を文章に書き込むこともできます。家出の始末記を書くはずが、いつまでも虫歯の話が続くとき……。

くだくだと歯のはなし、いったいおまえの歯とこのたびのおまえの蒸発といったいどういう関係があるのか、とおっしゃる方があるかもしれぬ。だがもうすこしご辛抱いただきたい。やがてこのふたつはぴしゃりと結びつきます。（井上ひさし「わが蒸発始末記」『わが蒸発始末記』、中公文庫）

読み手に「…してもらいたい」という「たい」の形がよく目につきます。たとえば「…をご承知願いたい」「…をぜひわかってもらいたい」「…を理解していただきたい」のように。もうひとつの主な形は「ほしい」で、「…をしっかり胸に刻んでほしい」などの実例があります。

読者に対する願望がさらに進めば、より直接的なお願いになります。幸田露伴の釣り談義を激賞する開高健の文章を見ましょう。釣りに関しては、日本全国はおろかアマゾンにでもすっ飛んでいくほどの人です。

〔……〕そのしみじみとした、篤厚《とっこう》な、それでいて終始ユーモアを忘れない捨棄と思いやりのありがたさを、あなた、この一巻をどこから読んでどこでやめてもいいから、くつろいで味わいなさいな。何しろこれらは碩学が雨と風のなかからひきだしたものなんだから、しっかりと寝かされていて、底深い。無人島へいくときには、ぜひ。

（開高健「碩学《せきがく》、至芸す」『地球はグラスのふちを回る』、新潮文庫）

「味わいなさいな」と、終助詞の「な」付きです（終助詞の表現上の可能性を見極めたい読者は、ぜひ開高のものを読まれよ）。「質流れ専門店に三十分もいてごらんなさい」「エッサカホッサカ〔釣りに〕くり出したと思いなさい」も開高からの文例です。ほかからも選ぶと、「しばらくご勘弁願おう」「そこはしばらくがまんしてください」「庭の日時計を見てごらん」などとも出会います。

倒置法と追加法

文末のバリエーションにかこつけてレトリックの技法をあれこれと述べました。もうしばらくおつきあいください。

倒置法というのがあります。ふつうの語順――これを定義するのは思いのほか難儀します――を逆転させて、たとえばＡＢＣをＢＡＣやＡＣＢのように順序を入れ替える方法です。理屈ではわかりやすいのですが、いざやってみると、慣れないうちは気後れするものです。少し気恥ずかしいような、技巧に走りすぎているみたいな気がして……。そんなときは丸谷才一の『文章読本』（中公文庫）にある「ちよつと気取つて書け」を参考にしましょう。大丈夫、結構いい案配になるものですから。

効果的な例があります。「走れメロス」を覚えていますね。メロスは身代わりの友を救うためにひた走ります。

〔……〕そろそろ全里程の半ばに到達した頃、降って湧《わ》いた災難、メロスの足は、はたと、とまった。見よ、前方の川を。（太宰治「走れメロス」『走れメロス』、新潮文庫）

前日の豪雨で橋は流され橋桁は跳ね飛ばされ、濁流が激しく踊り狂っているではないか。メロスは茫然と立ちすくんだ。このようなとき、まず視覚に訴える表現「見よ」を先に立て、次にその対象「前方の川を」を置くと、文末にきちんと焦点が結ぶ。このすぐあとの場面も引きます。

〔……〕メロスは川岸にうずくまり、男泣きに泣きながらゼウスに手を挙げて哀願した。「ああ、鎮《しず》めたまえ、荒れ狂う流れを！　時は刻々に過ぎて行きます。太陽も既に真昼時です。あれが沈んでしまわぬうちに、王城に行き着くことが出来なかったら、あの佳い友達が、私のために死ぬのです」（同前）

神に祈るメロスのセリフ「ああ、鎮めたまえ、荒れ狂う流れを！」は、「ああ、荒れ狂う流れを鎮めたまえ！」の倒置形です。これはいったい何の効果を狙ったものでしょうか。

文末に回すものにきっちりと重しがかかるようにするためです。文末焦点という言い方を覚えましょう。文末はもっとも記憶に残りやすいところで、倒置文で強調されるのはまさにここなのです。前ページの引用からも明らかでしょう。

メロスの例だけではちょっと芝居がかっているのでは、という印象を与えかねないので、ごくふつうの文章もひとつ選びます。向田邦子は、自分の性格を「極めて現実的な欲望の強い人間」だと分析してこう述べます。

若い時分は、さすがに自分のこの欠点を恥かしいと思い、もっと志を高く「精神」で生きようとしたものです。ところが、私は、物の本で読む偉い人の精神構造にくらべて、造りが下世話に出来ているのでしょう。衣食住が自分なりの好みで満ち足りていないと、精神までいじけてさもしくなってしまう人間なのです。このイヤな自分をどうしたらよいか、このことも考えました。

そして——私は決めたのです。

反省するのをやめにしよう——と。(向田邦子「手袋をさがす」『夜中の薔薇』、講談社文庫)

最後のところですが、もう解説は不要でしょう。ただ、「――」の意味もついでに考えてください。一番目のは決意するまでの時間経過、次のは決意の内容の確認に要する時間を表します。まるで自分が書いたようなことをいっていますが、たぶんはずれていないでしょう。句読法（句読点だけではなく「――」や「……」などの使い方）にも注意しながらときに使ってほしい。これらは、基本的には話しことばに見られる特徴を紙に写しとろうとする努力なのです。

倒置法に近いものに追加法があります。別にうるさく区別しなくてもいいのですが、あとで思い出したように付け加えるのが追加法です。手紙などの追伸やPSのようなものもその仲間。が、これもしばしばひとつのふりです。あえて差異を述べれば、倒置文は正常な語順に戻そうとすればできますが、追加法ではそれができない、あるいは少なくともしっくりこないといえるでしょう。

例を見ます。バブル期のこと――。

一九九〇年「リゲイン」と名付けられたあるドリンク剤のテレビCFのキャッチコピーは、「二四時間戦えますか？」という強迫でした。航空機の中で世界を駆けめぐ

り時差と戦う「ジャパニーズ・ビジネスマン」の人形たちの画像を背景に。（見田宗介『社会学入門』、岩波新書）

私の耳にはまだあのCMソングが聞こえてきます。問題は、最後の一文「航空機の中で……を背景に」の戻る位置が確定できない点です。倒置法ではなく、追加法と見るのがいいでしょう。

追加法の例をもうひとつ。「水商売」の「水」は何を意味するのかご存じですか。私は若いころから意味をとりちがえていたようです。

〔……〕料理店、バー、キャバレー、喫茶店、タクシーなど、それぞれ職業としてさまざまな局面〔……〕を持っている。だが、われわれはそれらの中から「客まかせで、流れ行く水のように収入が不確定である」という一局面〔……〕だけを大きく取り上げて「水商売」というのである。もっともここは隠喩と受けとることもできるけれど。（井上ひさし『自家製 文章読本』、新潮文庫）

てっきり水がでるから水商売だと誤解していました。辞書によれば、例としてタクシーのほかに芸人などの、要するに客の人気や都合次第で収入が左右される、不安定な職業のことです。とすると「水」は、井上のいうように「流れ行く水のように収入が不確定」との解釈に文句はない。これなら隠喩（メタファー）と呼んでいいでしょう。

この「隠喩」を含む最後の文が追加法の例です。「もっとも……けれど」は、どうしても元の鞘に納まりそうにありません。「けれど」はもちろん「けれども」の形も見られて、追加法の代表例です。ほかにも理由をつけ加える「…なので」「…だから」、様子・様態を付加する「…のように」などの例を挙げだせば、文尾はさらににぎわいます。ただし適度にということはつねに心がけてください。使いすぎて鈍磨させてはもったいないですから。

追加法との関連で挿入法にも触れましょう。次の冒頭の「修辞」は「レトリック」のことです。

〔……〕修辞とは読み手になんらかの関心を呼び起そうという技術（とまでは行かない場合でも、意欲であるにはちがいない）だから、その部分では一瞬でも読み手を立ち止まらせなくてはならない。当然、そこは不透明にならざるを得ないのだ。前にも

詳説したように、不透明な部分が読み手には関心、謎、ショックとなり、それをいちいち解決しながら読み手は読み進む。（同前）

挿入のもっともポピュラーなやり方は、前ページのように丸かっこで括る、あるいは二マス分のダーシで前後に割り込む形——うしろのダーシがないものもある——です。ときどき読点だけで強引に割って入るのも見かけます。またこれらを複数組み合わせてもいいでしょう。

ではどのような働きを狙うのでしょうか。補足や弁明が本筋の目的ですが、陰の声として文章全体に多声（ポリフォニー）を響かせることもできます。たとえばツッコミを入れることも。

「そこでおれは、さり気なく金をその婆さんに渡してその場を去った。かなり格好よかったと思う（ほんとかよ）。でも、おれの行動に気がついた者は一人もいなかったのだ（いっつもそうだ）。」（清水義範『大人のための文章教室』、講談社現代新書）

ほかにも自分なりの用途を考えてください。これもまず思い切って使ってみるのが一番。好き嫌いの判断はそのあとでも間に合います。

省略法

省略の全般について書きだせば大変なことになります。「私」などの人称代名詞からはじめるとスペースがいくらあっても足りません。そこで一般的なことは次の引用でカバーすることにさせてください。

文章の中の、ここの箇所は切り捨てたらよいものか、それとも、このままのはうがよいものか、途方にくれた場合には、必ずその箇所を切り捨てなければいけない。いはんや、その箇所に何か書き加へるなど、もつてのほかといふべきであらう。(太宰治「もの思ふ葦」『太宰治全集11』、筑摩書房)

ここでは削ることによって豊かな文末を生む手立てとなるものに限ります。それも大胆な省略で、表現の幅を広げるのに役立ちそうなものに。以下、すべて開高健から採りました。一部既出のものとかぶるのは悪しからず。

①〔……〕丸のままでドンブリ鉢のなかに浮いている。つまり、日本料理で申す〝姿〟だ。ハツカネズミの姿料理である。噛んでみると、しねくねと柔らかく、微妙な潤味があり、鶏のササ身に似ているけれどもうちょっと上位にあるかと思われた。兎なんか、とてもとても。『田鶏』と呼ばれるカエルなんか、とてもとても。（「ネズミの仔《こ》は野原のイワシである」『開口閉口』、新潮文庫）

②ドラードというのは《エル・ドラード（黄金郷）》からとられたのであって、名のとおり、金色をした魚であるらしい。河の激流に棲《す》み、スプーンにとびついてくるが、かかってからの暴れかたは虎《とら》さながら。（「驚異はまだ、ある」『開口閉口』、新潮文庫）

③〔……〕そのしみじみとした、篤厚《とっこう》な、それでいて終始ユーモアを忘れない捨棄と思いやりのありがたさを、あなた、この一巻をどこから読んでどこでやめてもいいから、くつろいで味わいなさいな。何しろこれらは碩学が雨と風のなかからひきだしたものなんだから、しっかりと寝かされていて、底深い。無人島へいくときには、ぜひ。（「碩学、至芸す」『地球はグラスのふちを回る』、新潮文庫）

④ともあれ私は、小さな説を書いているので、小説家と呼ばれる種族である。もう胆のうもない。髪の毛もそろそろ。いろいろ気になることばかりがふえる年であった。

（「橋の下をたくさんの水が流れた」『開口閉口』、新潮文庫）

①は中華料理。なにしろ空飛ぶものは飛行機以外、四本脚のものは机以外のすべてを食べ尽くすとさえ言われる国です。ネズミでもヘビでもなんでもござれ。二つの「とてもとても」のあとに「近づけない」や「かなわない」なんかを補って解釈します。

②の「スプーン」とは、釣りで使う疑似餌のこと。「さながら」のあとに「の凄まじさ」などで意味を補完。

③は幸田露伴の釣り談義を賞賛したあと、「無人島へいくときには、ぜひ」で文を止めて――副詞止め――、読者に「もっていってもらいたい」「携帯してほしい」「お忘れなく」など、好みのものを書き足す楽しみを与えてくれます。

④は、胆のう摘出の手術をうけたあとで、「髪の毛もそろそろ」に続いて「薄くなった」、そのほかに候補はいくつもあるでしょう。しかし意味的な幅は限られます。

省略が一般的に余韻を残すのは、正確に補うことばが定まらないからです。ひとつ決まった正解というものがない。解釈のバトンは読者に渡されて、余情が漂い、なおかつ文尾が変化に富む――こんないいことはないでしょう。文章のなかに、この種の省略をたまにとり入れてはいかが。

表現のレトリックに関しては、直接文末とはつながらないけれども、おもしろいくふうがさらにいくつもあります。さて、次はいよいよ引用です。

第四節　引用のレトリック

本文中になんらかの形でひとのことばを引用することがあります。「ひとのことば」には、世間のうわさや慣用的な言いまわしなども含めて考えましょう。引用は文章に起伏をつけて、彩りを与えてくれます。もちろんまったく引用なしで、内に静かな情熱と闘志を秘めつつ、粛粛と河を渡るがごとき端正な文章もあります。が、引用の実態を知れば、文章を書き進めるうえで、これが欠かせぬ技法だときっとわかるでしょう。一口に引用といっても、その広がりは相当のものなのです。文末とも関係してきます。

様々な意匠

まず次の一節をしっかり読みましょう。特別のものではありません。井上は銀座をぶらつくのがお好みのようです。

〔……〕銀座のほどのよい混み具合は、理想に近い。ぶらぶら歩きの最大のたのしみは、普通は〈店をのぞき歩くことにある〉と考えられていますが、私はちょっとちがう意見をもっています。ぶらぶら歩きがたのしいのは、歩いている人間がたがいに〈見たり、見られたりする〉せいではないでしょうか。とくに人間を行き交いざまにちらっと見るたのしみを、私は人間の基本的な娯楽である、と信じているものですから、渋谷や新宿の、速くて強い人の流れでは、ゆっくりとこのたのしみにふけることができないな、と軽い不満をおぼえるのです。浅草六区では、こっちが見られるばかりだから、なんだか損をしたような気分になってしまいます。あえて〈見る〉というたのしみをつらぬこうとすると、「なんだ、テメエ、眼《がん》をつけやがって」と凄まれるおそれがあります。(井上ひさし「銀座礼讃」『わが蒸発始末記』、中公文庫)

しっかり読むも読まないも、引用と呼べるのは最後の「なんだ、テメエ、眼をつけやがって」だけじゃないのか、と叱られそうですが、広い意味での引用——本書が扱う引用——はもっとほかにもあります。それを列挙しましょう。

①ぶらぶら歩きの最大のたのしみは、普通は〈店をのぞき歩くことにある〉と〔……〕

②ぶらぶら歩きがたのしいのは、歩いている人間がたがいに〈見たり、見られたりする〉せい〔……〕

③とくに人間を行き交いざまにちらっと見るたのしみを、私は人間の基本的な娯楽である、と〔……〕

④渋谷や新宿の、速くて強い人の流れでは、ゆっくりとこのたのしみにふけることができないな、と〔……〕

⑤浅草六区では、こっちが見られるばかりだから、なんだか損をしたような〔……〕

⑥あえて〈見る〉という〔……〕

⑦「なんだ、テメエ、眼《がん》をつけやがって」と〔……〕

これらがすべて広い意味での引用だとすれば、その幅が人によって多少伸縮しても、もはや飾りではなく、まさに文章の本体そのものです。まるで引用を中心にして、その前後をつなぎの語句で貼りつけているかのようです。では、引用だとする根拠はどこにあるのでしょうか。動かぬ証拠は、「と」。これを引用の「と」と呼びます。②と⑤以外のすべてに現れていますね。「と」にも少しバリエーションが見られるようですが、②と⑤も、大まかに言ってその仲間と考えてください。

②は、②*のように言い換えても、論旨は損なわれないでしょう。

②*ぶらぶら歩きがたのしいのは、歩いている人間がたがいに〈見たり、見られたりする〉という理由によるのではないでしょうか。

⑤も書き換えてみると、

⑤*浅草六区では、こっちが見られるばかりだから、なんだか損をしたというような気

分になってしまいます。

のように、いずれも「と」が浮上します。元の文と意味がまったく同じというのではありませんが、ともに引用——あるいは引用に似たもの（引用もどき）——を含むというのがポイントです。

どうでしょうか。引用が文章のなかで果たす役割に気づいていただけたでしょうか。⑦のようなカギかっこ付きのものだけが引用なのではありません。要点を整理しましょう。

ひとつは、引用には種類があるということ。⑦は①〜⑥と明らかに異なります。⑦のかっこ付きを直接引用と呼ぶならば、①〜⑥は、そこにもバリエーションがありますが、すべて間接引用です。直接と間接のカテゴリー分けで、文章技法上、より重要なのは間接引用です。

その違いは、引用の元となる発言なり思いなりを、著者が自分の奏でる文章のなかにどのように取り入れるかです。書き手の関与をできるだけ抑えたものにするのか（直接）、あるいは思いきって自分のことばで（解釈して）自在に取り込むのか（間接）。

もうひとつは、語句の並び順の問題です。③を少し変形させてみましょう。

③*とくに人間を行き交いざまにちらっと見るたのしみを、人間の基本的な娯楽である、
と私は信じている。

③*の基本構造は次のようです。

引用＋引用の「と」＋主語＋伝達動詞

これで主な要素がそろいました（「伝達動詞」とは「言う」「信じる」などの、引用の「と」を受ける動詞のこと）。もうひとつ補うとすれば、誰に向かって言ったのかを表す話し相手ですが、当面は無視しましょう。問題は、この形がつねに保たれるわけではないことです。この点は、文末にも大いに影響します。

これらのことを頭に置いて、引用のレトリックを少し詳しく点検します。理論的な方向に走らず、実践的なお役立ち情報にとどめる、と約束して。

直接引用はどこまで直接か

政治家や官僚がときどき、いや近ごろはしばしば、そんなことは言ってない、誤解だ、真意が伝わってない、記憶にない、などと平然と鉄面皮をカメラに向けるのを目にしますが、言った言わないの元となる発言は直接引用のことがよくあります。差し出されたマイクや隠されたマイクは、録音装置とつながっているはずなので、確かめればすぐに白黒がつきそうなものなのに……と、思うのですが。

しかし新聞などのジャーナリズムの直接引用は、よほどのことがないかぎり、一字一句正確な引き写しではなく、記者による判断を経た要約にすぎません。カギかっこ付きの直接引用の実態は、矛盾する表現になりますが、間接引用です。

これは、私のけっして多くない経験からしてもそうです。テーブルの上でテープが回っているときも、電話によるインタビューのときもそうでした。さらに、ある雑誌からの依頼で、来日中のドイツの学者に私がインタビューしたときも、最後は原稿を対話形式の限られた枠に収めなければならないので、エディット（編集）は欠かせません。あとは良心の問題です。ですから私は、直接引用をあまり信用していません。

にもかかわらず、書き手の側からすると、直接引用は便利なツールです。自分の視点でどこを切り取ってきてもよろしい。直接引用の雰囲気を残しながら、ある程度の要約も許される。ありがたい表現法です。文章全体に花を添える演出ができるのですから。

しかも、大きなメリットは、直接引用のなかが治外法権によって守られることです。引用符の内側はいわば天下御免の安全地帯。何をやってもお咎めなし。周りの文体との調和や規律を破っても大丈夫。早い話が先の⑦です。少し補って再び引きましょう。

⑦*「なんだ、テメエ、眼をつけやがって」と凄まれるおそれがあります。

品の悪い連中も大手を振って道の真ん中を歩けるのです。文体の変化を操ることができて、うまく運べば、読者を飽きさせないくふうとなります。

もう少し実例を見ましょう。

現在、大学院で博士号を取得してもなかなか就職先が見つからないのが実情です。国の内外ともに。いわゆるポスドク（博士号［ドクター］をとったあと［ポスト］正規の職にまだついていない者）の問題は深刻です。次例はバッタ博士の文章です。

いくら博士過多でも、社会から研究内容が必要とされていれば、就職先はある。しかし、現在の日本ではほとんどバッタの被害がないため、バッタ研究の必要性は低く、バッタ関係の就職先を見つけることは至難の業もいいところだ。「日本がバッタの大群に襲われればいいのに」と黒い祈りを捧げてみても、「バッタの大群、現ル」の一報は飛び込んできやしない。途方に暮れて遠くを眺めたその目には、世界事情が飛び込んできた。アフリカではバッタが大発生して農作物を喰い荒らし、深刻な飢饉《ききん》を引き起こしている。（前野ウルド浩太郎『バッタを倒しにアフリカへ』、光文社新書）

かくしてバッタ博士はモーリタニア（西アフリカ）へ旅立つ。そこに作物を喰い荒らすサバクトビバッタの大群が待っているのです。最初の直接引用には、引用の「と」がくっついていますが、二番目の「バッタの大群、現ル」は、文の一部に完全にのみ込まれて、その痕跡がない。なぜそこまでバッタを追うのでしょうか。

子供の頃からの夢「バッタに食べられたい」を叶えるためなのだ。（同前）

かたや人の膵臓を食べたがる小説の主人公がいる時代ですから、バッタに心だけではなく肉体も捧げる博士がいても不思議ではない。

話を戻して、直接引用の仕方にもかなりの自由度がある――これをまずわかってもらいたい。引用の「と」やその代用物がなくとも、主語や伝達動詞がなくとも、肝心なのは引用そのものです。引用は、手を替え品を替えして、文のあちらこちらに顔を出します。

そして、より変化に富むのは、先に述べたように、間接引用です。

間接引用の世界

まず標準的な、おとなしい形から見ましょう。書き手は解剖学者です。

看護学院で教えていると、生徒の半数近くが、母親のへそと胎児のへそが直接連結すると信じているふしがある。以来ときどき調べてみるが、どうも、女性の半数近くが、そう思っているのではないか、と私は疑っている。（養老孟司「女のかたち・男のかたち」『からだの見方』、ちくま文庫）

引用の文法を詳しく分析することは、本書の目的ではありません。ただ前ページの一節を直接引用に書き換えたものと比べてみましょう。あくまで形のうえでの比較です。

看護学院で教えていると、生徒の半数近くが、「母親のへそと胎児のへそが直接連結する」と信じているふしがある。以来ときどき調べてみるが、「どうも、女性の半数近くが、そう思っているのではないか」、と私は疑っている。

実際には直接引用のことばを正確には復元できません。右の書き換えはあくまで一例です。生徒の半数近くが信じているのは、「母親と胎児はへそでつながっている」だったかもしれない。そのほか同じ趣旨の無限の可能性があります。

それでも、ここが大切な点ですが、右の書き換えはとくに違和感をいだかせないのではないでしょうか。これは、たとえば、英語の直接話法と間接話法の関係とははっきり異なる点です。英語では、とくに時制（テンス）と代名詞を文脈に応じて変化させる必要がありますが、日本語にはそんなうるさい規則はないのです。

日本語の直接引用と間接引用の違いは、煎じ詰めれば、カギかっこのあるなしだけです

（この直接引用のカギかっこでさえ、明治の、たとえば樋口一葉の「たけくらべ」や「にごりえ」にはありません）。先に、直接引用は（事実上）間接引用だと言いました。いまの文脈でこれを言い換えると、間接引用は（事実上）直接引用でもある、となります。

つまり、直接引用にできて、間接引用にできないことは、ない。

ひとつ例を見ましょう。

雑誌などで食べ放題の記事を見ると、また食べ放題かと思い、もう食べ放題は飽きたんだよ、いいかげんにしろよ、などと言いつつも、で、何の食べ放題？　と、もう一度記事を見直したりして、食べ放題というものはこれでなかなかしぶとい力を持っているものなのです。（東海林さだお「ホテルで鍋の食べ放題」『ケーキの丸かじり』、文春文庫）

これを直接引用に書き換えると、

雑誌などで食べ放題の記事を見ると、「また食べ放題か」と思い、「もう食べ放題は飽きたんだよ、いいかげんにしろよ」、などと言いつつも、「で、何の食べ放題？」と、もう一度記事を見直したりして、食べ放題というものはこれでなかなかしぶとい力を持っているものなのです。

比べてみると、どっちでもいい、とさえ思ってしまう。が、同著者の「丸かじりシリーズ」などに漂う軽いタッチとユーモラスな雰囲気は、おそらく間接引用のおおらかな、奔放なふるまいによるのでしょう。

間接引用のメリットは、すべて自分の土俵に引き込んで、自己流にアレンジできることにある。もちろん直接引用でもできるのですが、直接はいちおう借りものなので、好き勝手に投げ飛ばして土をつけるのは、少し控えておこうか、と遠慮が生じます。

だけど東海林さだおの用法はやや極端なんじゃないか、と抗議されるかもしれない。ので、もう少し落ちついた例も示します。

つい先だっての夜更けに伊勢海老一匹の到来物があった。

ひと仕事終えて風呂に入り、たまには人並みの時間に床に入ろうかなと考えながら、思い切り悪く夕刊をひろげた時チャイムが鳴って、友人からの使いが、いま伊豆から車で参りましたと竹籠に入った伊勢海老を玄関の三和土《たたき》に置いたのである。（向田邦子「父の詫び状」『父の詫び状』、文春文庫）

「と」が二つあります。最初の「と」が受ける引用「たまには人並みの時間に床に入ろうかな」は、実際に頭に浮かんだ、あるいはつぶやいたことばが何であれ、うまく前後の地の文に溶け込んでいます。「かな」の日常の響きを残しておくのもうまいところ。間接引用の自在ぶりと効果がよくわかるでしょう。

二番目の「と」が続くのは、「いま伊豆から車で参りました」。友人の使いの挨拶です。使いのことばなので、元の発話は三人称であることに注意してください。どの人称でもそのまま受けられるのも直接引用と変わりません。

さらに、ひとつ前の引用とも共通な点を、これも技術上重要なことなので、ここで触れておきます。関連する部分を抜粋しましょう。

①で、何の食べ放題？　と、もう一度記事を見直したりして

②いま伊豆から車で参りましたと竹籠に入った伊勢海老を玄関の三和土に置いた

ほかとどこが違うでしょうか。丁寧に書けば、「と言う」「と考える」「と思う」などのように、「と」のあとに発言や思考を表す動詞が続くでしょう。これを伝達動詞と呼びました。しかしこれが消えて、代わりに直接その場の状況が述べられます。この手法は、少し慣れた書き手なら常套的に用いて、歯切れのよいキビキビとした文体を生み出し、スペースの省略にも役立てます。もう少し実例で確かめた方がよさそうですね。

「と」の乱舞

「と」の側から見ると、直上に直接引用がこようと間接引用がこようとへっちゃらです。たとえば、秋田県出身のバッタ博士は、日本を発ってサハラ砂漠に向かうとき、こう決意します。

たとえ自分が帰らぬ人になっても、友人たちはバカ騒ぎをして「やりたいことやって死ぬんなら、本望だべ」と、あの世へ送り出してくれるはずだ。（前野ウルド浩太郎

（『バッタを倒しにアフリカへ』、光文社新書）

「と」のあとを見ても、伝達動詞らしいものの気配はありませんが、文脈から「と」は「と言って」の意味だな、と一瞬に理解できるでしょう。

次の例には直接引用の「と」と間接引用の「と」が同時に出ています。伝達動詞がまったくないとはいえません。たとえば「泣く」は「泣いて言う」、「脅す」は「脅して言う」のように解釈できるからです。次の場面は、子どものころ寒さをしのぐために母親にマントを作ってもらったとき。唐草模様の大風呂敷の真ん中を、首が出るように切り抜いただけのものでした。

「そんな、獅子舞いが着るようなのはいやだ」と、随分長い間、泣いて抵抗したが、そんなにこれがいやなら、母さんは父さんの居るところに行ってしまいます、さようなら、と脅かされて、翌日からしぶしぶ学校へ着ていった。（井上ひさし「烈婦！　ます女自叙伝」『井上ひさし短編中編小説集成第一巻』、岩波書店）

「父さんの居るところ」とは、あの世のことです。母親が死んでしまうというのは、子どもにとってやはり脅しでしょう。

続く引用では最後の「と」に注目してください。「と頑張りました」の「と」です。

今ふりかえってみて、一体どんな手袋が欲しくてあんなやせ我慢をしていたのか全く思い出せないのがおかしいのですが、とにかく気に入らないものをはめるくらいなら、はめないほうが気持がいい、と考えていたようです。

まわりは、はじめは冗談だと考えていたようです。ところが私が風邪をひくに及んで、とうとうあきれかえり、母は本気で私を叱りました。

「バカバカしいことはやめてちょうだいよ。大事になったらどうするの」

私は、手袋のせいで風邪をひいたのではないと頑張りました。（向田邦子「手袋をさがす」『夜中の薔薇』、講談社文庫）

最初の二つの「と」は、「と考えていた」なのでノーマル。最後のは、「と言って頑張りました」「と言い張りました」「と頑張って言いました」などと語を補って解釈できますが、いずれも間延びしますね。「と頑張りました」が簡潔で力強い。

さらに、伝達動詞の代わりにしぐさが用いられるのもよく見かけます。二つ並べて示します。


この辺の説明があまりに丁寧だと、看護学院なら、病人の看護の話を知りたいのに、なぜカエルだのニワトリだのの話まで聞かなくてはならないか、と不審顔をされる。（養老孟司「女のかたち・男のかたち」『からだの見方』、ちくま文庫）

世の中、右を向いても左を向いてもサッカー、サッカー。サッカー音痴のわたくしは寂しくてならない。みんなの話の輪に入っていけない。

ハットトリックの意味もつい最近知った。オフサイドのほうは何回聞いてもよくわからない。よく知っている人に長々と、懇切丁寧に説明してもらい、

「あ、なるほど。そういうことだったのね」

と、ハタとヒザを打ったりして肯くのだが、本当のところは全然わかっていない。バカと思われるのが嫌で、わかったふりをしているだけなのだ。（東海林さだお「W杯に

料理で参加」『ケーキの丸かじり』、文春文庫）

不審顔をされたり、ハタとヒザを打ったりするのは、それだけでは伝達動詞の意味を表せませんが、それに伴うしぐさだと受けとれるでしょう。同意することを「手を打つ」と表現するのも、これと一脈通じます。

では、引用の「と」は、文末問題とも関係するでしょうか。答えは、大いに。有名な小説の冒頭をひきます。

「完璧な文章などといったものは存在しない。完璧な絶望が存在しないようにね。」
僕が大学生のころ偶然に知り合ったある作家は僕に向ってそう言った。僕がその本当の意味を理解できたのはずっと後のことだったが、少くともそれをある種の慰めとしてとることも可能であった。完璧な文章なんて存在しない、と。（村上春樹『風の歌を聴け』、講談社文庫）

「と」で終わること――「と」止め――ができます。これはありがたい。倒置法の香りも漂い、追加法の雰囲気も混じります。文学に独り占めさせるわけにはいかないので、もう一例示します。

「記憶は死に対する部分的な勝利である」とは、イギリスの小説家カズオ・イシグロの名言である。記憶だけが、流転し、消滅しつづける世界に私をつなぎ止め、私が私であることを証してくれるものであると。（福岡伸一『動的平衡3』、木楽舎）

福岡の文章は、先にも借りましたが、彼は気鋭の生物学者であると同時に端倪《たんげい》すべからざる文芸的耽美眼の持主です。文章もうまい。もう少し引かせてください。

〔……〕深夜一時頃、美術館はボストン市警の制服に身を包んだ警官の急な来訪を受けた。驚いて対応した美術館の警備員に、警官はモニターのインターフォン越しに告げた。この美術館に賊が侵入したとの知らせを受けた。内部を調べさせてほしい、と。（福岡伸一『生物と無生物のあいだ』、講談社現代新書）

もちろん専門分野でもこの「と」が使われます。

〔……〕自分の予想とは異なった実験結果を得た場合、科学者は普通、こう考える。実験の手続きになにか問題があったゆえに、結果がうまく得られないのだ、と。（同前）

引用の「と」の使い勝手のよさがおわかりいただけたでしょうか。

もっと自由な引用へ――自由直接引用

引用に直接と間接の二種がありました。間接といえども、引用に関してはほとんどなに不自由ありませんでした。むしろ、自分の土俵に引き込んで、自分のことばで好きなように語れるというメリットがあります。

ただ、引用の「と」を伴うことが多く、必要ならば主語と伝達動詞も引きつれてきます。これは、ほぼそのまま直接引用にも当てはまります。この制約は、ときにうっとうしくなるかもしれません。もっと自由になれないのか。引用のみを用いて空高く羽ばたけないのか。

引用のみといっても次のような直接引用のやりとりのことではありません。

ぼくは吃驚仰天《びっくりぎょうてん》した。「えっ。毬子さんはぼくのお嫁さんに来てくださるのですか」

「そうですわよ」

「本当ですか。ええと。もし本当ならぼくはたいへん嬉《うれ》しいのですが、あのう、ぼくと結婚してくださるのですね」

「しますわよ。しますわよ」

「約束ですよ」

「ええ。約束しましてよ」（筒井康隆「簞笥《たんす》」『ヨッパ谷への降下』、新潮文庫）

「ぼく」と「毬子」との会話です。冒頭の「ぼくは吃驚仰天した」は、「ぼくは吃驚仰天して言った」とだいたい理解できますが、それ以降は、引用の「と」も主語も伝達動詞もありません。もっとも毬子はお嬢様ことばを使っているので、どちらのセリフか迷うことはないでしょう。

前ページの一節は直接引用の連続です。これなら単純なので、ある程度できそう、と思うかもしれません。ところが実はなかなかむずかしい。地の文によるなんの支えもなく、セリフだけをカギかっこで自立させるのは、簡単にできることではないからです。これは、ふつうのひとが小説をとばして、いきなり芝居の台本を書こうとするようなもので、お勧めしません。もっと私たちにでもできる引用の形とは、あくまで地の文でのこと——カギかっこがつかない丸裸の引用です。具体例を見た方が早い。まずは初級レベルから。料理エッセイの一部です。

手羽先が3本だけ冷凍してあったので、ゆうべから冷蔵庫に移し、解凍しておきました。今日は買い物には出ず、一日中書き物をしながらことことスープを煮ようと思って。野菜かごには、じゃがいもと玉ねぎがあります。

さて、どんなスープにしようかな。窓の外では木枯らしが吹いています。（高山なおみ「気ぬけごはん51」『暮しの手帖92』、暮しの手帖社）

第二段落のはじめ「さて、どんなスープにしようかな」は、地の文ではありません。かといって読者に問いかけているのでもないでしょう。書き手の心のなかでのつぶやき、自分自身を相手にして対話を仕掛けているのです。それならカギかっこ付きの直接引用でもよさそうなものなのに、あえてかっこをはずして地の文のなかにさらっと流し込む。これはひとつの新しい手法と言えるでしょうから、本書で名前をつけましょう。自由直接引用、と。

直接引用を地の文のなかに自由に挿入するのです。間接引用ではなく、あくまで直接引用の自由な使い回し。引用元は心のなかの発言または思考。心は自分の、あるいはひとの心であってもかまいません。ひとの心はあくまで推測の域でいい。地の文のなかに紛れ込ませるのがコツです。

もう少し例を示しましょう。レベルをひとつ上げますよ。書き手の失敗談を軽く語ったあとで、同じ失敗をした学生に同情の気持ちを向けます。なんと、あわててハンガーごと上着をきて家を飛びだしたのです。

私は手をたたいて喜んだ。いた、いた、仲間が！　私にはこの子の気もちと行動が、手に取るようにわかる。朝、いつものように寝坊して、ご飯も食べずに、大急ぎで制服に着がえる。上着に手を通した時、一瞬、軽い違和感があったが、一秒を争っているので、無視して自転車にとびのり、全速力でこいで行く。ちょっとでも止まったら間に合わない。ああ、あと三分早く起きればよかった。それにしても、さっきから何だか背中が引きつるような。でも止まって確かめるひまなどないし、どうせ大したことじゃないだろう。そうして息せき切って教室にかけこみ、席に着く。まだ荒い息がおさまらないうちに、後ろの子に背中をつつかれる。「なんだよ、これ?」。そしてクラス中が爆笑に包まれるのだ……。（伏見操「ハンガー仲間」、同前）

どこから連続した自由直接引用がはじまるのかを考えてください。読み返してみると……無難な線は、「ああ、あと三分早く起きればよかった」でしょう。「ちょっとでも止まったら間に合わない」からとの判断も否定できません。が、この部分は、地の文と自由直接引用との橋渡しになっている、つまり半分は地の文、あとの半分は引用と読むのがいいのではないでしょうか。引用の終わりははっきりしています。「どうせ大したことじゃないだろう」で引用を終えて、再び地の文に戻ります。

この手法は小回りが利いてたしかに便利そうですが、どのタイミングで用いるのがよいでしょうか。第一章で主体性について述べたのを思い出してください。前ページでは急ぐ学生に次第に肉迫していって、ついにその心のなかに飛び込み、その内面から実況放送をするのです。主体性の高まりから、登場人物と一心同体になり、その思いを直接語る手法です。

自由直接引用のすべて

このような主体的な引用技法は、もともと近代の文学が考えだしたものです。源泉はヨーロッパにありそうですが、ここでは触れません。実はすでに引用した文学作品などにも見られていたのです。その一例としてメロスをふり返りましょう。いまから村を出て王城に向かうところです。

〔……〕メロスは、悠々と身支度をはじめた。雨も、いくぶん小降りになっている様子である。身仕度は出来た。さて、メロスは、ぶるんと両腕を大きく振って、雨中、矢の如《ごと》く走り出た。

私は、今宵、殺される。殺される為に走るのだ。身代りの友を救う為に走るのだ。

王の奸佞邪智《かんねいじゃち》を打ち破る為に走るのだ。走らなければならぬ。そうして、私は殺される。若い時から名誉を守れ。さらば、ふるさと。若いメロスは、つらかった。幾度か、立ちどまりそうになった。えい、えいと大声挙げて自身を叱《しか》りながら走った。（太宰治「走れメロス」『走れメロス』、新潮文庫）

段落が改まって「私は、今宵、殺される」から「さらば、ふるさと」までが自由直接引用です。これは見分けやすいでしょう。語り手からすれば、主人公のメロスは三人称なので、「私は、今宵、殺される」を地の文にすると、たとえば「メロスは、その日の宵に、殺されることになっていた」のように、なんとも間の抜けた表現になりそうです。自由直接引用の力強さが一目瞭然です。

メロスは三人称小説。このような小説を書くのは、ハードルが高いかもしれません。自由直接引用は一人称で綴るエッセイなどでの方が使いやすいでしょう。そこでバッタ博士に再び登場願います。無事モーリタニア（西アフリカ）について、野外観察でさっそく成果をあげます。

〔……〕この仮説が合っていようがなかろうが、得られたデータは発表する価値がある。やったことが確実に成果になる地味目の研究計画だ。俄然頭が冴えてきた。しかも、ひんやりしてきたので、寒さに強い秋田県民の本領を発揮しながら研究できる。これはもうやるしかないでしょう。旅の疲れなどひっこんでな！　まずは腹ごしらえだ。（前野ウルド浩太郎『バッタを倒しにアフリカへ』、光文社新書）

自由直接引用は、「旅の疲れなどひっこんでな！　まずは腹ごしらえだ」。自分で自分に言い聞かせることばです。それまでは読者と向きあっていたのが、ここでは自身と向きあう。

では、「これはもうやるしかないでしょう」はどうか。地の文と判断します。決め手は「でしょう」。自由直接に変えるなら、「これはもうやるしかない」とします。これで自分の内面の声になるからです。ついでに代名詞の主語も省いて「もうやるしかない」とすれば、よりしっかりとした自由直接引用となります。文脈上わかりきった部分を切り捨てるのも重要な手段です。

類例を見ます。すでにおなじみの向田邦子のエッセイです。おいしいものを頂いたとき、その味をその場で覚えて絶対にまねしてやる、と独特のポーズをして全神経を集中させるらしい。

名人上手の創った味を覚え、盗み、記憶して、忘れないうちに自分で再現して見る——これが私の料理のお稽古なのです。

「頭でも痛いのですか」

知らない方はこう心配されます。私はロダンの〝考える人〟か目を閉じて指揮をするカラヤンのつもりですが、口の悪い友人は、座頭市とメシを食っているようだと申します。どうも時々白目を出すらしいのです。言いたい人間には言わせて置け。楽譜もなければ方程式もない〝味〟を覚えようというのです。格好をかまってはいられません。（向田邦子「幻のソース」『眠る盃』、講談社文庫）

「言いたい人間には言わせて置け」のパンチは強烈ですね。地の文がデス・マス調だからいっそう効き目があります。自由直接引用はここだけですが、ちょっと練習のために、その続きもやってみましょう。あくまで一例ですが——

言いたい人間には言わせて置け。こっちは〝味〟を覚えてるんだ。格好なんかかまってられない。

「楽譜もなければ方程式もない」を省いたのは、内心のことばにふさわしくないと思ったからです。その場の表現ではなく、机上で練った言い回しではないでしょうか。かといって、自由直接が思ったまま、つぶやいたまま、そのとおりを文字に起こしているとは考えないでください。文章はあくまで装った表現です。話しことばそのまま、思ったことをそのまま書くのではありません。

次の引用は、バーゲンの福袋について。どうせろくなものは入ってない、と思いつつ気になる。売り場をぐっとこらえて通り過ぎて、また引きかえす。

そうして小走りになって鼻息荒く家に駆け込み、家族ともども鼻息荒く袋から中身を取り出す。

一つ一つ取り出し、一つ一つ家族ともども落胆し、最後の一つを取り出して家族ともどもガックリと首うなだれ、しかし、と急に立ち直る。

ま、値段的には儲かってるわけだし、これらのガラクタも、いずれ何かで使うことだってあるじゃないの。

福袋は冷静でスタートし、やがて興奮期に至り、過大な期待とともに購入期を迎え、落胆期を経て強引な納得をもって幕を下ろすということになる。（東海林さだお「ニシンのお腹は福袋？」『ケーキの丸かじり』、文春文庫）

自由直接引用はすぐわかります。「ま、値段的には〔……〕ことだってあるじゃないの」の部分。問題は、誰のセリフなのか。「ぼく」かもしれないし、家族の誰か（奥さんほか）かもしれない。読者の立場からすると奥さんと読んだ方が断然おもしろい。「ガラクタ」や「あるじゃないの」にきつい皮肉がこもるからです。また福袋なんか買ってきて！「ぼく」なら自嘲の響きか。

はっきり三人称の例も引きましょう。志賀高原での山スキーでクタクタになって宿に帰ったときのことです。

〔……〕民宿にもどって炉ばたで茶碗《ちやわん》酒をチビチビやっていると、すぐよこで女子大生らしいのが何人か、ペチャクチャしゃべっている。肘枕《ひじまくら》で寝ころんで、うとうとしつつ、その会話を聞くともなしに聞いていると、リンゴの頬たちは明日の計画を相談しているらしい。竜王というところを越えて、草津温泉へぬけるコースがあるらしい。それをやろうヨといって、しきりにハッスルしているのである。何でも途中に尾根めいたところがあり、朝早くだと雪が凍《い》てついてカチンカチンになっている。そこを越えさえすれば、あとは何とかなる。そこが急所なのだ。そこでこそ山スキーのテクニックがモノをいう。リンゴちゃんたちはそんな話をし、その難所のことを話しあいつつ〔……〕（開高健「たくさんの蟻が門を渡ると」『開口閉口』、新潮文庫）

「それをやろうヨといって」は、引用の「と」でわかるように間接引用です。問題は自由直接引用のはじまりはどこなのか。微妙なのが「何でも」。これは開高のものなのか、女子大生のものなのか。ここは「何でも途中に尾根めいたところがあり〔……〕山スキーのテクニックがモノをいう」の丸ごとを、ハッスルするリンゴちゃんたちのセリフの引用と考えておきます。

この自由直接引用を、開高はあとで「そんな話をし」で受けます。形のうえでは自由を少し制限した格好ですが、「そんな」のほかにも「そのように」「そう」などで引用を確認することはよくあります。まあ一種の表現上の安全弁ですので、これを利用すれば自由直接引用を自在に使いこなせる第一歩となるかもしれません。

結語

日本語で文章を書くにあたって、デス・マス調とダ・デアル調の選択から引用の仕方までを概観しました。その中心にあったのが「文末問題」です。日本語の文末は、気をはっていないとすぐにそろってしまう。この弱点を指摘する識者はいましたが、具体的な解決策はほとんど示されませんでした。

本書は、この問題に取り組み、わかりやすいことばと実例でその解法を提示しました。その中核に導入したのが「主体性」という考え方です。表現の主体性を高めるとは、心のなかの思いをダイレクトに、臨場感を伴う形で表すこと。自分の思念のみならず、他者の胸中にもわけいって、そこから世界を直接映しとる。火事の現場に近づけば火の粉が舞い、リングサイドならボクサーの汗が飛ぶ。ライブの舞台やコンサート会場には独特の熱気が漂う。これをことばでありありと伝える。現場中継的あるいは実況放送的と特徴づけました。

この感覚を文章に活かせれば、文末の悩みもかなり軽減されます。表現の選択幅が広がるでしょう。文尾は踊りはじめます。もちろんこれで問題がいっきに解決とはいかないものの、説明として、また実践法として、ひとつの新たな突破口ができたのではないでしょうか。そのような視角から個々の実例を点検しました。

もうひとつの道具立てはレトリックです。小著ではスペースの関係で全面的に展開できませんでしたが、随所に西欧二五〇〇年の知恵が散りばめられています。メタファー（隠喩）をはじめとするレトリック用語（倒置法、省略法など）も文末との関連で紹介しました。これ自体が深掘りを要する作業であり、将来的には実用的なレトリック事典を作りたいと考えています。

さらにレトリックは文章全体の構成法とも関わります。というより切っても切れない仲ですね。が、これについては本書で触れる機会がほとんどありませんでした。文末の検討が予想以上に膨らんだからでもあります。他日を期して、新たに用例を収集し、資料を精査しなくてはなりません。

それはともかくとして、いまは文末問題に一石を投じたことでひと区切りとします。

あとがき

いつごろからか、日本語の表現に問題を感じて、プロの作家とはちがった視点から文章読本を書きたいと思うようになりました。また作家以外の文筆家（記者、研究者など）とも一線を画したものを、と。

メインテーマは「文末」。日本語には宿痾《しゅくあ》のような「文末問題」が存在します。これは私自身の問題でもありました。どうすれば文末の単調さから逃れられるのか、文章の達人はどうしているのか。これを考えるには、文章全体のことが頭に入っていなければなりません。

レトリックの周辺を長年研究してきたので、この立場からできるだけこれに明確な回答を、と心がけました。しかし、ふたを開けると、はじめに思ったよりもうんと奥が深く、かぼそい光を差し向けながら坑道を少しずつ掘り進むことになりました。それでも幸いなことに、ちょっとした横道を調べているうちに、豊かな鉱脈を探り当てたという手ごたえを感じました。日本語の表現の様々なところと結びつくのはまちがいないでしょう。

まず取り組んだのは用例探し。すでに集まっているものは、テーマごとに整理します。でもこれではぜんぜん足りない。そこで論を進めながら実例を探す。読んでは資料化する。うまく見つかればいいのですが、そんなに都合よくできていません。ストーリーや論に入りこめば、例はたちまち見えなくなるのです。そこで二度読み、三度読みして……。

こうしてできあがったのが本書です。枝道は思いきって閉ざし、実践面を重視しました。ハイウエーはまだできていませんが、山歩きにはちょうどいいくらいでしょう。みなさんの文章力の向上に役立てば、そして日本語による表現法の改善につながれば、これにまさる喜びはありません。

*

編集部の河井好見さんから本書執筆の依頼を三年前に受けました。ひと夏で新書一本を書くと豪語するひとを知っていますが、遅筆の私には奇跡を見るような思いです。この間、適切にリードして完成にまで導いていただいたことに篤くお礼を申し上げます。また関係された編集スタッフにもプロの意気ごみを強く感じました。なお、校正に関しては若き友人から無私の協力を受けました。小西龍之介君と西森仁君は本文を、田口慶人君はおもに引用文を入念にチェックしてくれました。ここに記して深く感謝します。

瀬戸賢一

二〇一九年（令和元年）　立冬のころ

引用文献

第一章　終わり良ければすべて良し

第一節　「す」と「る」を書き分ける

・谷崎潤一郎訳『潤一郎訳　源氏物語――巻一』、中公文庫、二〇一三年
・角田光代訳『日本文学全集04　源氏物語　上』、河出書房新社、二〇一七年
・村上春樹『騎士団長殺し　第2部』、新潮社、二〇一七年
・瀬戸賢一「メタファーの世界(上)」(中日新聞、二〇一七年六月六日朝刊、東京新聞、二〇一七年六月一一日朝刊)
・瀬戸賢一『よくわかるメタファー』、ちくま学芸文庫、二〇一七年
・谷崎潤一郎『文章読本』、中公文庫、二〇一四年
・見田宗介『社会学入門』、岩波新書、二〇一七年
・ギリヤーク尼ヶ崎「まだ踊れる」『図書』第八二五号、岩波書店、二〇一七年一〇月号
・向田邦子『父の詫び状』、文春文庫、二〇〇七年
・向田邦子「若々しい女について」『男どき女どき』、新潮文庫、二〇〇二年
・向田邦子「ゆでたまご」『男どき女どき』、新潮文庫、二〇〇二年
・斎藤美奈子『文章読本さん江』、筑摩書房、二〇〇二年
・三島由紀夫『文章読本』、中公文庫、二〇一四年
・清水幾太郎『論文の書き方』、岩波新書、二〇一六年

・向田邦子「花束」『男どき女どき』、新潮文庫、二〇〇二年
・向田邦子「独りを慎しむ」『男どき女どき』、新潮文庫、二〇〇二年
・大平健『豊かさの精神病理』、岩波新書、一九九一年
・向田邦子「水羊羹」『眠る盃』、講談社文庫、二〇〇七年
・井上ひさし「ごろ合わせの価値」『にほん語観察ノート』、中公文庫、二〇一三年
・筒井康隆「パチンコ」『狂気の沙汰も金次第』、新潮文庫、二〇一五年

第二節　「た」の処理法——過去をどう表すか

・川端康成『伊豆の踊子』、新潮文庫、二〇一七年
・住野よる『君の膵臓をたべたい』、双葉文庫、二〇一七年
・島崎藤村『夜明け前　第一部（上）』、岩波文庫、二〇一五年
・夏目漱石『吾輩は猫である』、岩波文庫、二〇一三年
・川端康成『山の音』、新潮文庫、二〇一七年
・志賀直哉「小僧の神様」『小僧の神様・城の崎にて』、新潮文庫、二〇一〇年
・志賀直哉『暗夜行路　前篇』、岩波文庫、二〇一七年
・本多勝一『日本語の作文技術』（朝日新聞社、現在は『〈新版〉日本語の作文技術』、朝日文庫）、二〇一七年
・丸谷才一『文章読本』、中公文庫、一九八八年
・井上ひさし『自家製　文章読本』、新潮文庫、一九八九年

・谷崎潤一郎『文章読本』、中公文庫、二〇一四年
・筒井康隆『創作の極意と掟』、講談社、二〇一四年
・泉鏡花「竜潭譚」、川村二郎（編）『鏡花短篇集』、岩波文庫、二〇一〇年
・藤井貞和『日本語と時間』、岩波新書、二〇一〇年

第三節　主体性から見た文章技法

・辰濃和男『文章の書き方』、岩波新書、二〇一五年
・川端康成『雪国』、岩波文庫、二〇〇一年
・Kawabata, Yasunari, Snow Country, translated by Edward G. Seidensticker, Tuttle Publishing, 1957.
・富原薫（詞）・草川信（曲）「汽車ポッポ」
・作詞者不詳・大和田愛羅（曲）「汽車」
・雁屋哲（作）・花咲アキラ（画）『美味しんぼ』六六集、小学館、一九九八年
・宮部みゆき「気分は自殺志願」『我らが隣人の犯罪』、文春文庫、二〇〇八年
・太宰治「走れメロス」『走れメロス』、新潮文庫、二〇一七年
・太宰治「帰去来」『走れメロス』、新潮文庫、二〇一七年
・志賀直哉「城の崎にて」『小僧の神様・城の崎にて』、新潮文庫、二〇一〇年
・筒井康隆『創作の極意と掟』、講談社、二〇一四年

第二章　踊る文末

第一節　キャラ立てをする

・藤沢周平「泣くな、けい」『夜の橋』、中公文庫、二〇〇六年
・筒井康隆『文学部唯野教授』、岩波書店、一九九二年
・夏目漱石『三四郎』、岩波文庫、二〇一六年
・金水敏『ヴァーチャル日本語　役割語の謎』、岩波書店、二〇一六年
・清水義範『大人のための文章教室』、講談社現代新書、二〇一三年
・開高健「歯がゆいような話」『開口閉口』、新潮文庫、二〇一二年
・開高健「民主主義何デモ暮シヨイガヨイ」『開口閉口』、新潮文庫、二〇一二年
・開高健「太平洋を自分のものにする方法」『開口閉口』、新潮文庫、二〇一二年

第二節　文法のレトリック

・杉本秀太郎「アーケードと街路樹」『新編洛中生息』、ちくま文庫、一九八七年
・井上ひさし『自家製　文章読本』、新潮文庫、一九八九年
・瀬戸賢一『空間のレトリック』、海鳴社、一九九五年
・幸田文「木のきもの」『幸田文全集第十九巻』、岩波書店、一九九六年
・福岡伸一『動的平衡2』、木楽舎、二〇一五年
・福岡伸一『生物と無生物のあいだ』、講談社現代新書、二〇〇八年

・志村ふくみ「糸の音色を求めて」『一色一生』、講談社文芸文庫、二〇一六年
・佐藤愛子『九十歳。何がめでたい』、小学館、二〇一七年
・芥川龍之介「鼻」『羅生門・鼻』、新潮文庫、二〇一四年
・太宰治「走れメロス」『走れメロス』、新潮文庫、二〇一七年

第三節　表現のレトリック

・尼ヶ崎彬『ことばと身体』、勁草書房、二〇〇二年
・金田一春彦『日本語　新版（上）』、岩波新書、一九八八年
・国谷裕子『キャスターという仕事』、岩波新書、二〇一七年
・飯間浩明『小説の言葉尻をとらえてみた』、光文社新書、二〇一七年
・筒井康隆『短篇小説講義』、岩波新書、二〇一六年
・白川静「東洋の回復を思う」『桂東雑記Ⅱ』、平凡社、二〇〇四年
・向田邦子「時計なんか恐くない」『夜中の薔薇』、講談社文庫、二〇〇七年
・辰濃和男『ぼんやりの時間』、岩波新書、二〇一〇年
・生井久美子『ゆびさきの宇宙　福島智・盲ろうを生きて』、岩波現代文庫、二〇一五年
・福島智『ぼくの命は言葉とともにある』、致知出版社、二〇一七年
・瀬戸賢一『日本語のレトリック』、岩波ジュニア新書、二〇一二年
・天野祐吉『広告論講義』、岩波書店、二〇〇二年

・佐治晴夫『14歳のための宇宙授業』、春秋社、二〇一六年
・筑紫哲也『スローライフ』、岩波新書、二〇〇七年
・岸井保『直撃する広告』、電通、一九九四年
・井上ひさし「わが蒸発始末記」『わが蒸発始末記』、中公文庫、二〇〇九年
・開高健「碩学、至芸す」『地球はグラスのふちを回る』、新潮文庫、二〇一五年
・太宰治「走れメロス」『走れメロス』、新潮文庫、二〇一七年
・向田邦子「手袋をさがす」『夜中の薔薇』、講談社文庫、二〇〇七年
・見田宗介『社会学入門』、岩波新書、二〇一七年
・井上ひさし『自家製　文章読本』、新潮文庫、一九八九年
・清水義範『大人のための文章教室』、講談社現代新書、二〇一三年
・太宰治「もの思ふ葦」『太宰治全集11』、筑摩書房、一九九九年
・開高健「ネズミの仔は野原のイワシである」『開口閉口』、新潮文庫、二〇一二年
・開高健「驚異はまだ、ある」『開口閉口』、新潮文庫、二〇一二年
・開高健「橋の下をたくさんの水が流れた」、『開口閉口』、新潮文庫、二〇一二年

第四節　引用のレトリック

・井上ひさし「銀座礼讃」『わが蒸発始末記』、中公文庫、二〇〇九年
・前野ウルド浩太郎『バッタを倒しにアフリカへ』、光文社新書、二〇一七年

・養老孟司「女のかたち・男のかたち」『からだの見方』、ちくま文庫、一九九五年
・東海林さだお「ホテルで鍋の食べ放題」『ケーキの丸かじり』、文春文庫、二〇〇三年
・向田邦子「父の詫び状」『父の詫び状』、文春文庫、二〇〇七年
・井上ひさし「烈婦！　ます女自叙伝」『井上ひさし短編中編小説集成第一巻』、岩波書店、二〇一四年
・向田邦子「手袋をさがす」『夜中の薔薇』、講談社文庫、二〇〇七年
・東海林さだお「W杯に料理で参加」『ケーキの丸かじり』、文春文庫、二〇〇三年
・村上春樹『風の歌を聴け』、講談社文庫、一九八九年
・福岡伸一『動的平衡3』、木楽舎、二〇一七年
・福岡伸一『生物と無生物のあいだ』、講談社現代新書、二〇〇八年
・筒井康隆「簞笥」『ヨッパ谷への降下』、新潮文庫、二〇一三年
・高山なおみ「気ぬけごはん51」『暮しの手帖92』、暮しの手帖社、二〇一八年
・伏見操「ハンガー仲間」『暮しの手帖92』、暮しの手帖社、二〇一八年
・太宰治「走れメロス」『走れメロス』、新潮文庫、二〇一七年
・向田邦子「幻のソース」『眠る盃』、講談社文庫、二〇〇七年
・東海林さだお「ニシンのお腹は福袋？」『ケーキの丸かじり』、文春文庫、二〇〇三年
・開高健「たくさんの蟻が門を渡ると」『開口閉口』、新潮文庫、二〇一二年

瀬戸賢一《せとけんいち》

言語学者。一九五一年、京都府生まれ。大阪市立大学文学研究科博士課程単位取得退学。博士（文学）。佛教大学教授、大阪市立大学名誉教授。専門はレトリック、英語学。豊かな言語表現の技法を研究している。著書に『メタファー思考』（講談社現代新書）、『日本語のレトリック』（岩波ジュニア新書）など多数。編著に編集主幹を務めた『英語多義ネットワーク辞典』（小学館）、『プログレッシブ英和中辞典〔第5版〕』（小学館）など。

書《か》くための文章読本《ぶんしょうどくほん》

二〇一九年一二月一一日　第一刷発行

インターナショナル新書〇四六

著　者　瀬戸賢一《せとけんいち》

発行者　手島裕明

発行所　株式会社　集英社インターナショナル
〒一〇一-〇〇六四　東京都千代田区神田猿楽町一-五-一八
電話　〇三-五二一一-二六三〇

発売所　株式会社　集英社
〒一〇一-八〇五〇　東京都千代田区一ツ橋二-五-一〇
電話　〇三-三二三〇-六〇八〇（読者係）
〇三-三二三〇-六三九三（販売部）書店専用

装　幀　アルビレオ

印刷所　大日本印刷株式会社

製本所　加藤製本株式会社

ISBN978-4-7976-8046-1　C0281

インターナショナル新書

005
映画と本の意外な関係!
町山智浩

映画に登場する本や台詞は、作品を読み解くうえで意外な鍵を握っている。元ネタである文学や詩までに深く分け入った、町山映画論の新境地!

009
役に立たない読書
林　望

読書は好奇心の赴くままにすべし! 古典の楽しみ方、古書店とのつきあい方、書棚のつくり方なども披露し、書物に触れる歓びに満ちた著者初の読書論。

016
深読み日本文学
島田雅彦

「色好みの伝統」「サブカルのルーツは江戸文化」「一葉の作品はフリーター小説」など、古典からＡＩ小説までを作家ならではの切り口で解説。

025
お釈迦さま以外はみんなバカ
高橋源一郎

「キラキラネーム考」「大阪おばちゃん語の憲法」「名作を2秒で読む?」など 作家が見つけた表現とことばの数々。その秘められた意味も深掘りしていく。

034
へんちくりん江戸挿絵本
小林ふみ子

現代の漫画を凌ぐトンデモな発想が江戸にあった! 遊里に遊ぶ神仏、おかしな春画…京伝、北斎、南畝ら異才による「へんな和本の挿絵」の見所を解説。

インターナショナル新書

041

税のタブー

三木義一

宗教法人、暴力団、政治団体。なぜ彼らの税負担は軽いのか。誰も踏み込まなかった領域に立ち入り、不公平税制の真因を税の成り立ちから考える。

042

老化と脳科学

山本啓一

「脳」と「老化」の関係は？『ネイチャー』誌などから世界最先端の研究をキャッチアップ！ 脳の老化を遅らせる治療法や生活習慣なども紹介。

043

怪獣生物学入門

倉谷 滋

ゴジラ、ガメラ、『寄生獣』のパラサイト……、SFの一ジャンルを築いた怪獣たちを徹底検証。怪獣とは何か？ その意外な答えを掘り起こしていく。

044

危険な「美学」

津上英輔

戦意高揚の詩、美しい飛行機作り、結核患者の美、特攻隊の「散華」。人を眩惑し、負の面も正に反転させる美の危険を指摘する。

045

新説 坂本龍馬

町田明広

龍馬は薩摩藩士だった!? 亀山社中はなかった？ 新説が満載！ あなたの知っている坂本龍馬、フィクションではありませんか？

インターナショナル新書

030

全国マン・チン分布考

松本 修

女陰語はなぜ大っぴらに口にできないのか？ 学術的にも高い評価を得たベストセラー『全国アホ・バカ分布考』の著者が、全国市町村への膨大なアンケートに基づき女陰・男根語の方言分布図を作成。言語地理学で丹念に読み解き、古文書、春画などをつぶさにあたる。そして至った驚くべき結論とは――。一気読み必至の面白さ！ 放送禁止用語に阻まれた『探偵！ナイトスクープ』の幻の企画が書籍で実現！ カラー版女陰・男根方言全国分布図付き。

インターナショナル新書

040

黒川伊保子

ことばのトリセツ

「あー、いいね」は憧れを、「おー、いいね」は感動を伝える。「感謝します」と「ありがとう」など、同じ意味でも、届く気持ちは語感でまったく変わる。人工知能研究において「ことば」の感性に着目して以来、著者のライフワークである「語感分析」。28年にも及ぶ研究によって積み重ねられた「ことば」についての考察は、男女関係、上下関係、ビジネスシーンなど、あらゆる場で役に立つ「ことばづかい」の極意となった。

『女の機嫌の直し方』で話題の著者の真骨頂！

対論！ 生命誕生の謎

山岸明彦、高井 研

「地球生命の起源は深海の熱水噴出孔にある」という説を実証すべく、水深2000メートルの深海で生物探査を行う微生物学者の高井研。一方、国際宇宙ステーション（ISS）で行われている生命実験「たんぽぽ計画」の代表を務める分子生物学者の山岸明彦は、「生命は陸上の温泉で生まれた」と考える。

　まったく異なる説を唱える二人が、生命の起源や進化の謎、地球外生命探査について激しく論じ合い、生命の本質を明らかにする。作家・池澤夏樹氏、推薦！